論語的生命解惑

【論語的人文之美第二部】

・傅佩榮　著

【目錄】

自序　人人心中有孔子　09
卷一　人性向善：眞誠對待別人
1. 研究方法　13
2. 人性向善　14
3. 眞誠由內　24
4. 善與追求　36
卷二　先進第十一：用人的原則
1. 用人之道　51
2. 孔門諸賢　52
3. 鬼神生死　57

4. 學生特色 59

卷三 顏淵第十二：化被動爲主動

1. 顏淵問仁 69
2. 行仁之道 73
3. 天道之辨 77
4. 無信不立 81

卷四 子路第十三：做合乎身分的事

1. 名正言順 87
2. 子爲父隱 89
3. 行己有恥 96
4. 教育目標 99

卷五

憲問第十四：修養的境界

1. 仁者管仲 103
2. 以直報怨 114
3. 知子者天 116
4. 修己安人 122
5. 不出其位 124

卷六

衛靈公第十五：弘揚人生理想

1. 子路其人 129
2. 人能弘道 132
3. 朝聞夕死 133
4. 殺身成仁 135
5. 曰「如之何」 138

卷七　季氏第十六：快樂的藝術
1. 損益三樂 143
2. 三戒三畏 144
卷八　陽貨第十七：孝順以求心安
三年之喪 155
卷九　微子第十八：從政的智慧
舌撻隱者 163
卷十　子張第十九：每十年就有成長
萬仞宮牆 173

卷十一

堯曰第二十：不要對人生設限

總結的話

1. 儒家原則 183

2. 孤魂野鬼？ 185

【自序】人人心中有孔子

本書是我在浙江大學為「文化中國人才班」的同學講解《論語》的實況紀錄，再稍加修訂而成。年輕的心靈在面對龐大的孔子形象時，免不了有一番反思、批判與論辯，他們的敏銳提問一再刺激我的靈感，使我充分享受了教學相長的樂趣。

這次講課的緣由是這樣的。浙江大學為了培育學生，設立「文化中國人才班」，由全校二年級五千多名同學中對國學有興趣者，精選出三十五人組成，由周生春教授主持規劃。承蒙周教授厚意，要我為第一屆同學講解《論語》。我未曾在大陸為本科生正式授課，正好可以借此機會了解優秀大學生的學習興趣及能力，乃欣然應允。結果呢？學生們的熱中學習與熱切討論，讓我深深感受到身為老師的重大責任與無比喜悅。

《論語》記載孔子與其弟子、時人應答之言行，由其第二代弟子所彙編，含括政治、教育、修身、處世等面向，談論層面廣而深，凝聚了孔子與儒家思想之菁華，蘊含豐沛智慧。大家都清楚，孔子的核心思想為「仁」，其實他同樣也相信天。孔子謹守「天命」，然而何為天命呢？人性向善，擇善固執，最後要止於至善，就是每一個人的天命；實踐方式便是當個人身處何種角色，就盡全力做好自己的本分，如此就能合乎天命。

怎樣研究古代的思想？時移世易，古人的話即便在當時有道理，到了今日是否仍舊如此，又該如何闡釋？

有關《論語》的解讀、闡述與推介，我已寫了十幾本書。本書的特色是加入了年輕學生的提問與我的回答。我的回答不是結論，而是引發新問題的線索。這些問題與答案使我們走出《論語》，面向今日世界與現代人生，使我們在肯定「人人心中有孔子」時，可以進而活出兼具人文之美與人格之美的一生。願以本書與有心上進的朋友們共勉。

傅佩榮

二〇一三年一月

卷一

人性向善：真誠對待別人

要討論「人性向善論」，首先，界定「向」和「善」兩個字。「向」的定義是「真誠引發的力量」，而「善」是我和別人之間適當關係的實現。

1. 研究方法

我們主張「人性向善論」，不見得每個人都贊成，但是有些重點應該加以把握。一方面，要考慮它與「人性本善」有什麼差別，與「人性向惡」又有什麼差別。首先要通過這兩個檢驗。另一方面，要藉由對文本的探討，才能證明這是儒家思想。個人可以採取任何主張，參考很多現代生物學、心理學的研究，那是另一回事。既然學習儒家，應該依循儒家的文本。

首先，界定「向」和「善」這兩個字。我對「向」的定義是「眞誠引發的力量」，而「善」是我和別人之間適當關係的實現。如果說人性本善，「本」字怎麼界定？沒有人可以界定。現在不是談宗教，不然可以說人有原罪；現在是談哲學，需要根據客觀的經驗材料，再進行合理的思維。「善」字怎麼界定？可以定義爲任何一種東西，如孝悌忠信嗎？不可以。沒有人原本就是孝悌忠信的，如果本來就是，那麼孝悌忠信就不成其爲價值，並且難以說明爲何有人不孝、不悌、不忠、不信。

現在我也不清楚，「本善」應該怎麼定義。首先，是誰先提出的？從張載開始，宋代理學家把人性分為「天地之性」與「氣質之性」，這種劃分本身就有問題。他們說，人有兩種性，一種是天地之性，或稱為天理；一種是氣質之性，或稱為人欲。他們只說天地之性是本善的，而不談氣質之性，那麼講的就不是人性。明明承認人有兩種性，對第二種又閉口不談，在理論上怎麼說得通呢？

其次，當代學者中有沒有講本善的？有人提到牟宗三等前輩。牟先生是怎麼說的呢？他說「本善」是指人與動物的差異，這只是一種表面描述。他接著說，人對於道德有一種分辨和實踐的要求。但是這怎麼能稱為本善呢？這只是一種要求而已，不表示人已經做到善了。

如果不能夠對「本善」提出明確定義，就不要勉強再用了。在《論語》和《孟子》裡，都沒有這樣的想法。

2. 人性向善

嬰兒幾個月大會爬的時候，看到別人有困難，也願意來幫忙。對此有人理解為人性向善，甚至有人說這是本善。其實嬰兒基本上沒有分辨能力，只是很容易感通到別人的困難，當感通的能力和生存需求發生衝突時，他恐怕會毫不猶豫作出對自己有利的選擇。如果有人以此為證，那是只看到了現象，卻不懂得什麼叫做哲學家的作為。

哲學家要冒一個險，看透人類現象背後的人性是什麼——這是吃力不討好的事。比較討巧的說法是，人性是一張白紙，受後天環境的影響。但是，你為什麼要行善避惡？有人說原因在於外在環境，這樣一來，人就不存在人格價值，人格尊嚴也談不上了。也有人認為，本來就不必談，因為我從生物學的立場出發，只求生存就好。

「人性本善論」的主張者，很難用到《論語》裡的某些材料。譬如孔子對管仲的稱讚。雖然管仲的德行很差，器小、不儉、不知禮，但是他通過外交手段避免戰爭，造福天下人，就被孔子稱為「合乎仁者」。因為他的仁建立在和別人之間適當關係的實現上，並且超越了齊國宰相的職責範圍。從這個例子，可知善是一種行為。孟子講到「為善」與「為不善」，即做出善的行為與做出不善的行為，這是對善惡的基本界定。既然善是指行為，那麼人性本來是什麼，根本不重要。

〈衛靈公第十五〉中有：「無為而治者其舜也與？夫何為哉？恭己正南面而已矣。」道家也講無為而治，不過是按照道的規則，什麼都不要刻意去做，最後自然上軌道了。而儒家的無為而治是有條件的。「恭己正南面」，就代表道德條件，如此能夠無為而治，是因為人性向善。

懂得了人性向善，相當於解碼，一個密碼解開，其他所有奇怪的地方，通通講得通；相反的，如果人性本善，又何必去治理，領導者何必「恭己正南面」呢？這一來，儒家思想就變得窒礙難行了。

子張問行。子曰：「言忠信，行篤敬，雖蠻貊之邦，行矣。言不忠信，行不篤敬，雖州里，行乎哉？立則見其參於前也，在輿則見其倚於衡也，夫然後行。」子張書諸紳。

——〈衛靈公第十五〉

子張請教怎樣可以行得通。孔子說：「說話真誠而守信，做事踏實而認真，即使到了南蠻北夷這些外邦也可以行得通。說話不真誠也不守信，做事虛浮而草率，即使在自己本鄉本土，難道可以行得通嗎？站的時候，要好像看到這幾個字排列在眼前；坐在車中，要好像看到這幾個字展示在橫木上。這樣才能夠行得通。」子張把這句話寫在衣帶上。

所謂「蠻貊之邦」，那裡的人沒有接受過儒家或者華夏文明的教化，但是只要是人，一樣向善。我們只要行善，別人怎麼會不歡迎呢？

孟子說過「仁義禮智，非由外鑠我也，我固有之也。」（出自《孟子・告子上》），很多人以此來反對「人性向善」的觀點。他們認爲，孟子既然說「仁義禮智不是外部加於我身的，而是固有的」，說明他主張人性本善。但是讀書不能只讀這一句。孟子還講過，「人之有是四端也，猶其有四體也。」（出自《孟子・公孫丑上》）孟子把四端比喻爲四體，即四肢，是與生俱來的。他說四端，而不是四善，要實現出來之後才是四善。

有人認爲，孟子所說「人性之善也，猶水之就下也。人無有不善，水無有不下。」（出自《孟子・告子上》），還不足以證明人性向善。孟子喜歡以身邊的現象，來比喻看不到摸不著、需要洞見才能理解的人性狀態。水向下流，但是用手潑水，水就可以向上濺起，這是多麼簡單清楚的比喻！

「民之歸仁也，猶水之就下，獸之走曠也」（《孟子・離婁上》），翻譯成白話都要加一個「向」字：水向下流，火向上燒，野獸奔向曠野。難道孟子不是主張「人性向善」嗎？

爲什麼不說「向惡」呢？向善、向惡怎麼分辨呢？向善的話，爲惡心不安，爲善心安；向惡的話，爲惡心安，爲善心不安。哪一種是正常普遍的現象？很明顯是前者。有後者那種人嗎？有，黑道中人。

・**思辯與問答**

【學　生】我是傾向於「人性向善論」的，這個觀點更積極。但是我有個比較幼稚的疑惑：我們討論的向善和本善，究竟是局限於推測聖人原本的意思，還是討論一個普遍的哲學問題？

還有一點，我同意應該有善和惡的分辨，但是為什麼一定把人性與善惡聯繫起來？現在有一種觀念，認為人性有幾種本能，一是利己，一是利他，還有利他的懲罰。假如我們想利他，也未必是善，因為對別人好，是我和別人之間適當關係的一種實現。

【傅佩榮】很好。第二個問題比較簡單。利己，就是我要真誠；利他，就是對方對我的期許；利他懲罰就是社會規範。這樣概括，架構不會差太遠。

關於第一個問題，我們所講的人性向善，主要是研究孔孟的文本中對人性的看法。這個觀點如果普遍用於生活，沒學過儒家的人是否接受呢？問題比較複雜，很難做實驗，需要與不同背景的人討論。

不過，孔孟思想絕不限於儒家內部，講出來當然具有普遍性，天下人都會懂的。《論語》和《孟子》裡有很多處談到天下人，像「為政以德，譬如北辰」，還有「無為而治者，其舜也與！夫何為哉？恭己正南面而已矣」，都是說有德有善的人，天下人自然歸向他。

用儒家學說可以說服西方學者嗎？這是很大的挑戰。我在比利時教書的時候，教外國研究生，我講人性向善，讓他們思考，一個學期下來同學們都認為很有道理。我問他們，你坐車的時候有位老太太上來，你不讓座，心裡是否不安？他們說，我們坐車不需要讓座，因為規劃得好，不會有老太太站著。假設有呢？他想了半天說，確實會不好意思。年輕的學生坐著，有祖母一樣年紀的老太太站著，外國人也會覺得不好意思。這樣就可以討論儒家人性論了。

可以明確說，如果你主張「人性本善」，離開中國到任何其他地方，沒有人理你，除非是受中國文化影響的地方，因為那裡的人受儒家影響太大，不過所謂儒家只是宋明理學而已。譬如，日本人主要受到王陽明的影響，韓國人主要受到朱熹的影響，而且是全盤接受，因為他們沒有那麼高的文明水平和那麼大的思想系統，就沒辦法評價這兩個人對不對，只能說這個是真理，是儒家的真理。

如果有人到歐美，用外語對歐美人講「人性本善」，相信聽的人都會頭暈。因為他們已經習慣原罪的觀念了，現在說「人性本善」，他們會問，難道我不是人嗎？有一次我在台北參加會議，有很多外國學者，包括白人、黑人。有位老教授講「人性本善」，很多外國人自覺有原罪，聽了很慚愧。我當時只是去擔任評論者，我說，這位教授講「人性本善」，是一種詮釋，並不是孔孟真正的意思。儒家原典沒有任何地方講「人性本善」，講「性惡」的倒有，是荀子。孟子是講「性善」，沒有講「性本善」。我講完後發生了有趣的情況，外國學者五六個排成一排跟我握手。外國學者對我說：我們最怕同中國人開會，因為你們最喜歡講「人性本善」，我們聽了就很慚愧。

這讓人家多委屈啊！如果他們問什麼叫做「人性本善」，某個人就會舉出一些中國古代的說法，外國人也一樣相信權威，自己沒有研究過儒家，只能是那人說了算。

那一次的會議讓我印象深刻。外國學者向我道謝，說第一次聽到中國學者講人性不是「本善」，他們放心了，也不再自卑了。我們中國人喜歡在口頭上讓別人自卑，有意思嗎？把善做出來再說嘛。人性本善，這話完全不合邏輯，也不合經驗。

有必要了解世界主流的學術思潮，了解西方人的哲學思辨。近代以來，西方人就將原罪歸於宗教信仰。如果談哲學的話，他們認為，給人的天性附加善惡這些道德屬性，是自然主義者的謬誤。人是一種高級生物，如果一定要說人生來就有善惡，那就不是哲學。哲學需要根據經驗來反省，而且西方人偏重於外表，喜歡講人性是一張白紙。我們也有類似說法：「染於蒼則蒼，染於黃則黃。」（出自《墨子・卷一》）；人性有善有惡，有人善多有人善少。這些說法都有些根據，但不是儒家思想，也不是哲學。我們為什麼要行善避惡？我今天沒有行善，我就說很抱歉，因為我父母把我生下來，我的人性比較混雜，我就是惡多一點。可以這麼講嗎？美國的罪犯被抓了，律師說不能怪他，他的血型就是比較邪惡，有暴力傾向。把善惡歸咎於血型是不合理的，我們不能接受。

【學　生】傅老師您好，我也傾向於「人性向善論」。您對善的定義是人與人之間適當關係的實現，我有個問題，在愛情裡的適當關係是怎樣的？我感覺儒家沒有仔細論述愛情，雖然他們講夫婦倫理，只是講夫婦有別，講角色。我想問的是，假設愛情中的兩個人都真誠，但是他心安的時候我不一定心安，我心安的時候他又不一定心安。老師怎麼解釋呢？

【傅佩榮】愛情是一個特別題材，現代社會每個人都會碰到，當然也涉及人與人之間的適當關係。在愛情中要特別注意自己的真誠與對方的期許，至於社會規範方面的壓力要小一點。一般人談戀愛不太注意社會規範，因為兩人戀愛往往不會涉及其他人。很多人說相愛容易相處難，其實也有適當的模式可以參考。

愛情是因人而異的。我認為，有什麼樣的人格就有什麼樣的愛情，愛情不會使人格變得高尚。人格不夠高尚的人，愛情很快會陷入某種低俗層次；人格高尚的人，愛情表現為犧牲奉獻。

我的父母生了七個孩子，我從來不覺得父母有什麼偉大的愛情，不像羅密歐與茱麗葉，但是他倆相依為命。我母親患半身不遂長達三十年，父親提前退休照顧我母親，每三小時要幫她翻身一次，不分日夜，一直照顧了二十三年，結果比我母親早三年過世，這中間我從來沒聽他抱怨過一句。有一次我問，您每天這樣照顧母親，這麼累，怎麼從來沒有抱怨呢？我父親說，假如是我生病的話，你母親也會這樣照顧我的。他只有這麼簡單的一句話。

什麼是愛情呢？愛情只是一個階段。很多人不了解愛情，一輩子都在幻想愛情、追逐愛情，實際上是喜歡愛情的感覺，卻不一定願意承擔愛情後面的責任。那不是真實的人生，那種愛情也是虛幻的，瓊瑤式的愛情。

戀愛中的兩個人需要多多溝通，他們的價值觀最好是接近的。什麼叫做價值觀？一個人認為人生什麼最重要，什麼是次要的，什麼根本不重要。這些觀念要常常溝通，否則兩個人貌合神離。

譬如，英國查爾斯王子和黛安娜王妃，從外表看非常相配，但是查爾斯從不曾真正喜歡過黛安娜。他喜歡的是卡蜜拉。任何人第一次見到卡蜜拉都會嚇一跳，她屬於不化妝不能出門的。很多人說查爾斯王子太笨了，放棄那麼美的黛安娜，選擇那麼老的卡蜜拉。這究竟是為什麼呢？因為他和黛安娜的價值觀完全不一樣，而跟卡蜜拉在一起，不說話他也覺得開心。愛情不需要別人從外在判斷，自己覺得快樂就好了。我相信，他們一定有很真誠的溝通方式。

這是我們對愛情的一種理解。年輕人對愛情有很多憧憬，不過要自己經歷過才會真正了解。

3. 真誠由內

我們容易混淆兩個概念。請問：良知是善的嗎？不是，良知是對善的要求。這要求從何而來？眞誠。**善是我與別人之間適當關係的實現。什麼叫適當？判斷時注意三點：內心感受要眞誠，對方期許要溝通，社會規範要遵守。**三者衝突時，以眞誠爲主。

孟子說：「誠者，天之道也；思誠者，人之道也。」（出自《孟子・離婁上》）「誠者，天之道」是說萬物原本如此，叫做「實然」，依規律而行，不會有意外的可能；而「思誠者」的「思」，指自我有所要求。「思誠者，人之道」，表示人可以選擇要或不要「誠」。

《中庸》講：「誠者，天之道也；誠之者，人之道也。」「天」代表萬物，它的規則只有一個版本，叫做「誠者」；至於「誠之者」，讓自己眞誠，因爲人是唯一可能不眞誠的生物，而選擇讓自己眞誠，才是人生的正路。

人是動物之一，人性本來沒有什麼特別的地方，除了眞誠之外。對動物不必談是否眞誠，遇到猛獸時，你不殺牠牠就吃你。但是對同類的人，如果我不眞誠，就不會把他當成與我一樣的人，而是把他當成工具，利用他，傷害他。如果我眞誠，就會想，雖然我現在正當盛年，我以前也很小，我將來也會老，如果別人傷害我，該怎麼辦？所以我對老人、孩童要特別關心。

這可以靠教育實現。孟子說，人不受教育，和禽獸很接近。但是很多人受過高等教育，照樣不眞誠。這說明人是非常特別的生物，他能肯定的事實只有一個——他是自由的。自由有某種內在要求，就看是不是眞誠。如果不眞誠，他純粹是生物的一份子，表現出社會達爾文主義。在社會上、學術界也有生存競爭，不眞誠的人好比在進行某種實驗。如果眞誠，他的內在就會產生一種自我要求，一旦達成，內心就會產生快樂。

樊遲請學稼。子曰：「吾不如老農。」請學為圃。曰：「吾不如老圃。」樊遲出。子曰：「小人哉，樊須也！上好禮，則民莫敢不敬；上好義，則民莫敢不服；上好信，則民莫敢不用情。夫如是，則四方之民襁負其子而至矣，焉用稼？」

——〈子路第十三〉

「上好禮」、「上好義」、「上好信」，意思是爲政者行禮、行義、有信用，這些都是行善。然後四方的百姓會背負著小兒女來投奔。爲什麼呢？正因爲人性向善。不然這句話怎麼說得通呢？

也許有人說，人性好利，因爲爲政者對百姓有利，所以百姓才投奔而來。沒錯，誰會認爲善和利要分開呢？基本上善大於利，善可以帶來利。有人說，行善是最好的策略，一定會給自己帶來最大的利益。這是另一種看法，即效益主義，並不代表儒家思想。

儒家思想講的是眞誠由內而發的力量，焦點並不在於外在的功能。孟子會說：「王！何必曰利。」（出自《孟子．梁惠王上》）仁義就夠了，由內而發。如果計較外在功利，那麼下次做壞事更有利，又該怎麼選擇？

柏拉圖的《理想國》第二卷，講一個牧羊人的故事。呂底亞國的一個牧羊人，有一天在牧羊的時候發生大地震，他發現地面裂開了，底下有個棺材，比一般棺材豪華多了。牧羊人下去打開棺材，發現裡面有一個骷髏，手上戴著一枚戒指，他就取下戒指戴在自己手上。後來這個國家召開牧羊人大會，討論有關牧羊的事，這個牧羊人坐在會場上玩弄戒指。這時他發現了一個祕密：當他把戒指的戒面轉向自己時，別人就看不到他了，揮揮手也沒人理他，講話別人也聽不到，原來自己可以隱形了；他再把戒面轉向外面，發現一切恢復正常。牧羊人就開始考慮，如果一個人做了壞事不用負責不會被抓，爲什麼不做呢？——這是《理想國》思考的一個根本問題。這個牧羊人後來想辦法誘奸了皇后，並且謀殺了國王，自己當了國王。

美國人做過一項民意調查，有一個問題是：如果可以隱形，你會做什麼事。結果百分之八十的受訪者說要搶銀行。不要說美國人不好，我們這邊可能也差不了太多。不要說自己絕對不會做壞事，有這樣的機會眞的不做嗎？如果做不做一件事要以是否被人發現來考量，這樣還有人格尊嚴嗎？

儒家講「愼獨」，認爲人的價值在內不在外，即使做壞事不用負責我也照樣不做，不投機取巧，不找藉口。

・思辯與問答

【學　生】這個民意調查的例子，怎麼用人性向善來解釋呢？

【傅佩榮】注意三點：第一，肯定人性向善；第二，要擇善固執；第三，擇善需要知善。

學習人性向善的思想，是為了應對生活上所有的問題——只要跟人有關的問題都適用。我們應該時刻提醒自己，要真誠。

第二點和第三點不容易做到。擇善的問題比較複雜，因為昨天這樣做合適，今天這樣做不見得合適。譬如，對一個朋友，昨天你跟他隨意講兩句話，他就很開心；今天他心情不好，你跟他講再多話他也不開心。所以我們要隨時保持警覺，用靈活的智慧判斷何時該怎麼做，對何人該怎麼做。

知善有兩種情況，一種是聞見之知，我受教育，聽到看到而知道的；另一種是內心天生就知道的，譬如，不應該欺負別人，不應該占人便宜。我們可以發現自我是否真誠，是否合乎社會規範。有人說，很多人認為搶銀行不會妨礙別人，因為裡面有很多呆帳，不過這裡的「別人」是抽象的，這個例子就沒有說服力。

人際關係的複雜性難以想像。懂得了儒家思想，還要經常反省，慎獨。要做到內心真誠，不管外在的得失成敗，內心永遠快樂，問心無愧，坦坦蕩蕩，這是一種修煉。有人覺得這是說大話，其實人們經歷了生命的長期檢驗，會發現很多東西生不帶來，死不帶去，最後都要放下。

【學　生】孔子說：「生而知之者上也，學而知之者次也；困而學之，又其次也；困而不學，民斯為下矣。」（《論語・季氏第十六》）「生而知之者」是什麼樣的人，品行方面是否有一定基因？

【傅佩榮】問得好。「生而知之者上也」，跟品行有關。也許有這樣的人，所以孔子這樣分類。

孔子說：「我非生而知之者，好古，敏以求之者也。」（出自《論語・述而第七》）孔子喜歡古代的道理，很快認真地去學習。所以他屬於第二種——「學而知之者」。學的是做人處世的道理，尤其指道德方面的實踐。

孔子認為，有些人生來對於做人處世的道理（從孝順開始）不用教就會。「仁」，左邊是「人」，右邊是「二」——表示我對別人的「真誠」和「感通」。「感通」二字多見於《易經》，指自己的感受與別人相通，把別人當做自己看待。有些人非常聰明，尤其在道德方面，很小就能感通與別人之間的互動關係。譬如，對父母，這種人能夠自然知孝，自然行孝。

不過，連舜都不是「生而知之」。《孟子》中講：「舜之居深山之中，與木石居，與鹿豕遊，其所以異於深山之野人者，幾希。及其聞一善言，見一善行，若決江河，沛然莫之能御也。」（出自《孟子．盡心上》）舜以前住在山裡，和樹木、石頭在一起住，和野豬、野鹿一起玩，跟深山的野人沒有什麼差別。「幾希」指一點點，在《孟子》裡出現了三次，譬如「人之所以異於禽獸者幾希」（出自《孟子．離婁下》）。「野人」不是野蠻人，指沒有受過教育、很淳樸的鄉下人。

按孟子的說法，舜生來也不太知道怎樣做人處世，但是「及其聞一善言，見一善行，若決江河，沛然莫之能御也」。孟子用了個非常生動的比喻！舜只要聽到善言，見到善行，人性本來的狀態就像江河決口無法阻擋，舜就立刻覺悟了。這叫做人性向善！需要老師教導，需要有人示範，才發現這個人的作為與我內心的嚮往完全配合。沒見到有人行善，就不知道有什麼必要行善；看到別人有善的行為，聽到別人有善的言論，向善之心若決江河。

如果孔子和舜都不是「生而知之」，誰會是呢？我也不知道了。

【學　生】孔子承認有這種人存在嗎？如果有些人天生就有這種資質，他是不是「人性本善」？如果有些人從來沒有真誠的力量，他能否向善呢？是不是說，絕大多數人有真誠的力量，經過學習才行善的？

【傅佩榮】「人性本善」這個詞要慎用。所謂「生而知之者」，懂得了善，也不見得會去做。

孟子認為，每個人都有良知，「人之所不學而能者，其良能也；所不慮而知者，其良知也。」（出自《孟子．盡心上》）。所謂「良能」，沒有學就能夠做到；所謂「良知」，不經過考慮就知道。儘管如此，一切還需要去實現，不然就不叫「善」。「生而知之」和人有「良知」，與「人性本善」並不是一回事。

很多人對荀子和孟子作區分，說荀子講究自然屬性，孟子強調社會屬性。這種二分法很冒險。對於人性，為什麼哲學家一定要談論善惡？因為萬物之中只有人類涉及善惡問題，動物不涉及。對於一條狗，我們會說牠真有用，不會說牠很善良。而人類社會從古至今都在辨別善惡，所以說善惡具有普遍性，必然與人性有某種關聯。

如果講「本善」，就成為西方哲學所謂「自然主義者的謬誤」。人性本善，就如人生下來就有手腳一樣，每個人都是善的——這種說法沒有評價作用，也無法將「善」區別於「惡」。正如基督徒「人有原罪」的說法，等於沒講，因為假如每個人都有原罪，那麼原罪就不是壞事了。西方哲人擅長這種邏輯，兩千六百多年的哲學史上，沒有哪一個在講「人性本善」。他們認為人生來就是人，「善惡」作為道德價值不能附加其上。

注意分辨什麼叫良知，什麼叫道德意識，後者才是相對的。

有人說，善惡是社會性的，因為人與人互動才有善惡之別。不同時代和不同社會對道德的認知和理解（即道德意識）是不一樣的，而且因人因時因地而異。譬如，我小時候認為，拿別人鉛筆盒是了不得的大罪，長大後發現算不了什麼。在原始社會，多打獵物就是善，對別人稍微好點就是善，瞪別人一眼，說不定就是惡。

相對地，良知是分辨善惡以及行善避惡的「要求」，任何社會都有這種要求。

子貢問曰：「鄉人皆好之，何如？」子曰：「未可也。」「鄉人皆惡之，何如？」子曰：「未可也；不如鄉人之善者好之，其不善者惡之。」

——〈子路第十三〉

子貢請教說：「全鄉的人都喜歡他，這樣的人怎麼樣？」孔子說：「還不可取。」子貢就賭氣了，問：「全鄉的人都討厭他，這樣的人怎麼樣？」孔子說：「也不可取；比較可取的是全鄉的好人喜歡他，壞人都討厭他。」

任何鄉村都有大家公認的好人和壞人，說明任何社會都需要分辨善惡，否則不算人類社會。

把「善」界定爲我與別人之間適當關係的實現，是最容易講通的。善本來就具有社會性，孟子也說「善」在於實踐，這樣就避開了所有的先天論證和本質論證。如果有人覺得沒有「本善」，講「向善」總覺得不太放心，就想想「眞誠」二字。假如不眞誠，我們只是生物之一。譬如，我們走進餐廳，只是因爲肚子餓，這時我們只是飢餓的動物。爲什麼排隊呢？因爲我們受過教育，知道排隊的效果比較好，大家都能吃到飯，如果亂搶大家都吃不到。讓長輩先吃，是因爲我們後天受了教育，要求自己遵守社會規範。這是出於眞誠的覺悟。

・思辯與問答

【學　生】真誠的力量是不是與生俱來的？什麼樣的表現說明了真誠的力量？動物有沒有真誠的力量？

【傅佩榮】《易經》裡有兩句話，「閑邪（防範邪惡）存其誠」和「修辭（修飾言詞）立其誠」，說明真誠與邪惡勢不兩立。真誠不是簡單的事。

儒家的功夫在於慎獨，這需要真誠的力量。我們平常與別人接觸時，可能來不及反應，或者反應有偏差，而獨處時就需要特別小心，隨時注意自己與天、地、人各層面的關係。我一個人在房間裡待著，自然會想最近自己做人處事如何，或者明天要見誰，過一會兒要和誰吃飯、喝咖啡等。這樣一來，我對自己與別人的互動關係能看得清楚。所謂慎獨，不是什麼都不做，而是設法了解自己在人群中的位置，自己有沒有達到別人的期許。

怎麼衡量自己對待別人的真誠？宋代學者說得不錯，真誠可以理解為「公心」。真誠就是我不為自己的利益著想，而去注意別人對我的期許，我以怎樣的角色和身分與他互動，這樣的思維模式就不是以自我為中心了。講真誠，也不能忽略社會規範。社會規範教給我們，跟什麼人在一起要有什麼態度，等等。真誠，並非指心思完全單純、完全透明，並非與其他事物毫不干涉。

真誠是一種自我要求，所以孔子說，仁離我很遠嗎？只是自己要不要而已。與別人來往時持有公心，與了解的所有邪惡勢不兩立，毫不妥協，我們就開始進入真誠狀態。

真誠不是一個單純動作。《中庸》裡提到「自誠明，謂之性，自明誠，謂之教」，把「性」和「教」合在一起，但是方向不一樣。

提問的同學可能想證明，真誠的力量在根本上就是「善」。我問你，如果把真誠當做善，善該如何定義？不能說善就是真誠，那是康德的思想，他認為：唯一的善就是善的意志，我做任何事只要有善的意志，就是絕對的善。問題是怎樣做，如果手段不對，誰能欣賞這種善呢？我自以為善就可以嗎？希特勒殺猶太人，也以為自己善，那真是發瘋了。

4. 善與追求

・思辯與問答

【學　生】傅老師，蘇格拉底曾和一個女人討論此人對美的看法。人為什麼追求美，是因為人本身沒有美，但是人喜歡美，所以才去追求。能否作個類比，儒家講「人性本善」或「人性向善」，是因為人性本來沒有善，但是人性很喜歡善，所以才去追求善？

【傅佩榮】跟蘇格拉底談話的是狄俄提瑪（Diotima）。這是一位女祭司，就如宗教界的女先知一樣，蘇格拉底說她給予自己很多啓發。

對於美，蘇格拉底有很多探討。我本身沒有美，所以我才要追求美；但是如果我完全沒有美的話，怎麼知道什麼是美以致要追求美呢？原來，人對於美天生有某種嚮往，只是並未了解什麼叫美。

為什麼西方人說："Philosophy begins with wonder."（哲學起源於驚訝）。一朵花今天開了，明天謝了；昨天還在的，今天不在了。為什麼呢？這讓人驚訝。一個人今天相比於昨天不一樣了，為什麼還是同一個人呢？這讓人驚訝。變化是一回事，按說變化後應該完全不一樣了，為什麼還有不變的地方呢？這也值得驚訝。所以人愛好智慧，是源於驚訝。

柏拉圖認為追求美有幾個層次：首先，從感官入手。看到一隻手，領略手之美，會說這隻手很美，任何一隻手都可能是美的。其次，是手本身美嗎？當然是在人身上才很美，所以看出這個人很美，這是從美的局部到美的整體。再次，只有這個人是美的嗎？不是，每個人都有美的部分，這就從個體的美提升到普遍的美，匯集成美的海洋。

這就是西方哲學的辯證關係，從局部現象提升到整體。西方人講智慧，把真善美放在一起構成一個整體，強調不要執著於個體事物，否則會為現象所迷惑，掌握不了理型。柏拉圖不是唯心論，他是理型論。希臘時代沒有單純的唯心或唯物，他們的思想是整體觀。

第一位希臘哲學家Thales（泰勒斯）認為，宇宙的起源是水。很多人說他是唯物論，其實不是，因為他還有第二句話：「一切都充滿神明。」這表明他眼中的水具有某種神性，而非物質性，而且他絕對不知道水的分子式是H_2O。這就是希臘哲學的特色，想獲得真正的知識，一定要閉上眼睛，以理性來看待，這樣才能理解真實永恆的所謂理型。

我們借助於兩個詞來思考。唯心論是什麼？我發明我認識的對象。理型論是什麼？我發現我認識的對象。發明和發現不一樣。柏拉圖屬於發現而非發明。講唯心論用發明這個詞比較方便，不過真正的唯心論不見得是在發明。

康德的唯心論，認為我所認識的並非世界本身，而是被我認識的世界。世界本身是什麼我並不知道，那是另外一回事；我所認識的世界，是能夠被我認識而確實被我認識的世界，要配合我的認識能力。離開我的認識能力，誰知道世界到底是什麼樣的？所以康德認為本體是不可知的，能夠認識的是現象，因為依靠人的認知結構只能掌握現象。

唯心論講「萬法唯心所造」（佛教的話），認為一種事物本身如何，要配合我的心（指認識能力）。心的結構允許它怎樣出現，它就怎樣出現。我提供一個框兒，適合這個框兒的事物才能進來，否則不能被我認識。不能被我認識的事物，我何必在乎它呢？

【學　生】想問傅老師，古人一開始是怎麼認識到善，然後決定去追求善的？

【傅佩榮】這問題非常好。任何社會，都有關於善惡的泛泛的區分。自古以來，每個地方都有善人和惡人。《論語》中講，一個人最好的情況是，全鄉的好人喜歡他，壞人討厭他。

孔子為什麼必須提出「仁」字？善人和仁者有什麼差異？仁者，一定有特別的地方。「苟志於仁矣，無惡也。」一個人立志求仁，就不會做壞事。這代表仁與惡對立，與善有關，仁者自然要行善。但是孔子為什麼不直接講善人呢？這個問題值得考慮。

【學　生】傅老師您說人性向善，是說善是人的一種先天本性，但是我覺得向善更多是後天教育的結果，人剛出生時並不知道善惡，學習之後才明白什麼是善惡，應該做善事不應該做惡事，這樣才是「向善」。

【傅佩榮】分辨兩個詞：良心和道德意識，西方人的conscience（良心）和moral consciousness（道德意識）。每個人的道德意識都不一樣，譬如什麼叫孝順，什麼叫友愛，每個人的回答都不完全一樣。這說明，每個社會教給我們的道德意識不同。而良心每個人都有，良心是對善的要求，要求分辨善惡，要求自己有道德意識。人有良心不等於是善，只能說他有對善的要求。

這位同學認識向善是後天教育的結果。要知道，後天教育提供的只是道德意識，告訴你什麼是善與惡。講人性向善，卻要強調真誠二字。人本來就可能真誠和不真誠。當我不真誠的時候就沒有道德問題，把自己當做生物之一，不涉及人性。一旦真誠了我就發現，我是一個人，開始有力量由內而發，讓我做該做的事。

良心是對善惡的分辨要求，由此帶來行善避惡的壓力，這是普遍的。這是有關仁的基本觀點。

【學　生】「向善」既然是一個過程，或者是一種趨勢，那麼此前的狀態是什麼？人性既不是本善，也不是本惡，那麼人性本是什麼？

【傅佩榮】不存在人性是什麼的問題，這代表了本質論，即認為一個人沒做任何事，就具有了某種道德價值。善惡屬於道德價值，經過自由選擇才能呈現，而非與生俱來。任何非自然的東西都是後天的。

不過，只有人類才有善惡，善惡必定與人性有某種關聯，所以不完全是後天的。我們需要吃飯、居住，需要行動，一開始真誠馬上就有力量，問自己跟父母、跟別人關係如何，這時候才有行善的動力和要求。

我到耶魯大學的第一週，就去拜訪一位神學院教授。我有天主教背景，對他們的東西很熟。當時我也像很多人一樣，很天真，以為人性本善。我與那位教授討論，說基督徒主張人有原罪，一個人剛出生還沒做什麼事，就有原罪了，這未免太消極了。中國講人性本善，比較好，積極。這位外國教授也不懂中國人講什麼，只問了一句話，中國人會做壞事嗎？我回答，當然會的。中國有壞人嗎？我回答，也不少。他說，如果人性本善，為什麼會有壞人做壞事呢？講「本善」或「本惡」根本沒有意義啊。

這樣看，人性本善論不但不能解釋現實，反而製造困擾，糾纏不清。哲學是要解決問題，不是要製造問題。我就問他，基督徒主張人有原罪，那麼人會做好事嗎？他說，會啊！既然人有原罪，那麼善從何而來？他答道，善從上帝那裡來的啊！所以你信上帝吧。

當時（一九八〇年）我就下定決心，這一生一定要研究清楚，無法再容忍儒家講「人性本善」。這種觀點我們中國人關起門來講，沒有問題，可是同西方人一講，別人一戳就破，一句話就問倒了。我們總不能說，「本善」只是個信仰，與現實生活脱節。信仰是個人的一種因緣，而哲學不需要談信仰，是非常理性的，沒有任何喜不喜歡的情緒。

如果有人還講「人性本善」，請先定義「本」和「善」。講得出來就好；如果講不出來，就不要勉強說自己不懂的話。

【學　生】傅老師，儒家說「仁者無敵」，我覺得從現實世界來看，仁者根本不可能無敵。請教一下您對這個問題的看法。

【傅佩榮】好。這四個字出於《孟子》。孟子告訴梁惠王、齊宣王等人「仁者無敵」，希望國君要做仁者。這位同學認為「仁者無敵」根本不能成立。同學們誰替我回答，反駁他的說法？

【學　生】可能是因為真正的仁者非常少。

【傅佩榮】很好，這是第一個原因。孟子這個理論好像不能成立，但是他可以把標準定得很高。第二個原因是什麼？

【學　生】可能與環境有關。孔孟的時代看重仁者，是要營造一種人人都向仁的環境，那樣仁者才有存在意義。如果在一個暴亂社會中，強調仁的人，可能生存都有困難。

【傅佩榮】這位同學講得有點關係，但是重點不在這裡。

【學　生】因為人性向善！

【傅佩榮】對，這是最簡單最根本的回答。因為每個人都向善，大家都支持真正的仁者，誰還會與他為敵呢？如果孟子不是主張人性向善，他不可能說仁者無敵。

那時是戰國時代中期，有個很年輕的國君梁襄王，遇到孟子時鬧了段笑話。孟子說：「望之不似人君，就之而不見所畏焉。」這位梁襄王遠遠看去不像國君的樣子，站沒有站相，坐沒有坐相，有點猥瑣。接近後又沒有看出他尊敬什麼。一個人一定要有所收斂，有所敬畏，不能太狂妄囂張。

孟子又說，梁襄王忽然問我一句話，天下怎麼安定？我就回答，「定於一」，統一就能安定。他繼續問，誰能統一天下？我回答，「不嗜殺人者能一之」，不喜歡殺人的人就可以統一天下。

統一天下原來這麼簡單啊。這說明當時的諸侯不會做別的，就喜歡殺人。而且不只是孟子那時的諸侯喜歡殺人，回溯到一百多年前孔子的時代，也是一樣的。

孔子六十八歲時回到魯國，擔任國家顧問。當時的執政者是季康子，他問孔子：「如殺無道，以就有道，何如？」意思是：我把壞人都殺光，來接近好人，先生認為怎麼樣？在春秋時代末期，執政者認為把壞人通通殺光，國家就好了。聽著很可怕！我們要是生在古代，被貼上壞人的標籤，隨時都有被殺的可能。季康子不懂壞人是由好人慢慢變的，也不知道壞人覺悟之後可以慢慢變成好人，而是好人壞人一刀切。這是很恐怖的執政方式。

其實人性是一個趨向，是慢慢變化的。譬如，天下有道與無道，是二分法嗎？不是！天下無道，表示天下在走向無道；天下有道，表示天下在走向有道。判斷天下有道還是無道，不能像六十分算及格、五十九分算不及格，不是天壤之別。對於人的世界要看趨勢。譬如，你們現在很年輕，要問自己，對未來抱有希望嗎？有方向嗎？趨勢如何？

在孔子和孟子的時代，殺戮現象太普遍了。所以儒家講仁政、仁者，希望執政者「己所不欲，勿施於人」。沒有人喜歡被殺，所以不要隨便殺人；沒有人喜歡被打罵，所以不要隨便打罵人。做到這一點，別人自然就會支持你！講「人性向善」，不要忘記善對每一個人都有利。

孟子不主張「本善」。人性本善，指人有一種靜態的本質，這個本質不能少！孟子說，人和禽獸的差別只有一點點，老百姓把它去掉了，君子把它保存下來。假如這點差別是靜態的本質，那麼一旦去掉就永遠失去，不可能恢復。孟子用牛山之木作比喻。一座山上的樹木花草全部被砍光了，到下午下了雨，早上有了朝露，又會發出新芽，這代表什麼呢？向善！山的本質不在於有花草樹木，也不在於是一座禿山，在於兩個字——「能夠」。能夠長出花草樹木的就是山。

孟子苦口婆心地講了一大堆比喻，後代讀書人卻說他講的是「人性本善」，不能更動，太冤枉了。

《孟子》中提到「本心」，很抱歉，他說有些人「失其本心」。可以失去的本心，還叫做本質嗎？今天失去了，明天早上因為真誠覺悟了，本心又回來了。本心可失又可存，是動態的。

【學　生】西方哲學家沒有提出「性本善」，但是很多人提出「性本惡」。

【傅佩榮】問得好。西方哲學家並沒有人提出「性本惡」，因為他們知道性與善惡是兩種概念，不能混淆。

「性」對應的英文詞語是nature，有兩個意思，一個是自然，一個是本性，指自然而然，與生俱來。善惡即good or evil，是經過一段時間自由思考，選擇的結果。譬如，做了一件善事或惡事。西方哲學家認為，nature絕不能夠和good or evil混在一起。

西方哲學家不講「人性本惡」，他們認為人性自利、利己。人是動物之一種，總會追求對自己有利的事，後來發現光講利己不行，對付自然界的災難需要大家合作，所以考慮到利他。西方哲學家談人性，就在利己與利他之間掙扎。他們不講善惡，只是講一種傾向，對我有利嗎？對別人有利嗎？對大家有利嗎？這裡的「利」是利害關係，並且以能否生存作為唯一標準和最後標準。所謂有利，讓我活著就是有利，殺害我就是有害。

西方人的善惡，一定落在人的社會性上，涉及人與人之間的某種規範。他們講人性習慣於偏向利己這一方面，也是受了原罪觀的影響。

西方有一千三百多年的中世紀，那時人們大都信仰天主教。直到十六世紀，一五一七年馬丁・路德貼出九十五條問題後，基督教新教才出現。西方人認為人生不能離開宗教，而《聖經》就是真理的標準。

十七世紀，西方近代哲學之父笛卡兒出現了。他第一個說真理的標準不是

《聖經》，而是理性。他說，人一生中至少要有一次，要懷疑所有能被懷疑的東西。笛卡兒的偉大就在這裡。此語一出，千古震撼！以前以《聖經》為唯一標準，現在以理性為唯一標準。

以理性為標準，人容易變成純粹的理性主義，忽略生物性以及其他問題。西方近代走向唯心論，就是從笛卡兒開始，因為他提出「我思故我在」。何謂「我思故我在」？有三個層次：第一，「故」可理解為等於，我思等於我存在；第二，我思等於我；第三，我等於思。第三個是重點。

笛卡兒有個大問題：我的身體怎麼辦呢？其實，身體有什麼重要性呢？假如少一隻手，還是人嗎？還是我自己嘛！當時認為身體有一種延展性，叫做extension，即長寬高；而思想只有理解性。人的高矮胖瘦沒有什麼關係，是可以變化的，但是我的心不能變，思想不能變，否則我就不是我了。我等於我的思想，這發展之後當然是唯心論。

笛卡兒這樣過於忽略物質世界，會出現其他問題。如果我是我的思想，可以非常豐富，但是我還要生活在現實世界，身心就分裂了。這是西方哲學的困境。西方當代哲學一直在討論，body and mind（身與心），怎樣協調身心的問題，就是從笛卡兒開始的。西方人的問題也是相當複雜。

受過西方哲學訓練的人知道，談中國哲學時講「人性本善」，除了中國人，沒有其他任何人能聽懂。這是朱熹對儒家的解釋。孔子沒有這樣說，而且他早說過，沒人能了解他。第一個把孟子思想解釋為「人性本善」，並加以批判的，是比孟子晚了四、五十年的荀子。《荀子・性惡篇》點名嚴格批判孟子，荀子是第一個誤解孟子「性善論」的人。

卷二

先進第十一：用人的原則

先學習禮樂，再得到官位，是淳樸的一般人。另外一種人先得到官位，再學習禮樂，是卿大夫的子弟。孔子認為，用人一定要用第一種，因為這種人一定會好好學習。

1. 用人之道

子曰：「先進於禮樂，野人也；後講於禮樂，君子也。如用之，則吾從先進。」

有人把「先進」當做商朝，把「後進」當做周朝，解釋說，商朝與周朝的兩種文化在培養人才方面有不同方法。與很多譯注版本一樣，他們不提官位。但是我們看了後面才知道前面說什麼。孔子在後面說，「如用之，則吾從先進」，這就涉及孔子用人的原則問題，涉及官位爵祿。

我們翻譯爲：先學習禮樂，再得到官位，是淳樸的一般人。另外一種人先得到官位，再學習禮樂，是卿大夫的子弟，叫做君子（原意是君之子，生下來就有世襲的官位）。孔子認爲，用人最好用第一種，因爲這種人一定會好好學習。第二種人生下來就有官位，相當於現在的保送名額，他們對學習不一定會用心。

2. 孔門諸賢

德行：顏淵，閔子騫，冉伯牛，仲弓；言語：宰我，子貢；政事：冉有，季路；文學：子游，子夏。

這兒列出了孔子十位有名的傑出學生。後來的《世說新語》（描寫魏晉時代的人物與思想），一開始就分類爲德行、言語、政事、文學。

德行第一，是孔門的主要特色。不過很多人奇怪，言語爲什麼排第二呢？孔子很討厭巧言令色的人，認爲一個人最好是木訥的，不要太伶牙俐齒，否則會招人討厭。注意這裡的「言語」，是指一個人有正確觀念，見解透徹，書讀得好，說話還有根據。孔子對他的兒子說「不學《詩》，無以言」，不學《詩經》的話，你說話就沒有根據。古代做官的人需要把自己的想法說清楚，《詩經》提供許多生動的素材與語句。在德行科中，人所共知，是顏淵排第一名。閔子騫第二，以孝順知名。冉伯牛在《論語》中只出現過一次，「伯牛有疾」，孔子說，「斯人也而有斯疾也！」（出自《論語・雍也第六》）這個人不幸得了這種可怕的病，我們要失去這個同學了。仲弓是第四名，子曰「雍也可使南面」（出自《論語・雍也第六》），仲弓可以面向南方治理百姓，可以做卿大夫，執掌國家的政權。

言語科有宰我、子貢，宰我排前面。宰我每次出來都要挨罵，不過他的聰明才智讓孔子非常欣賞。他總能提出與老師不同的意見，經過辯論使孔子的思想得以展現。有關守喪三年的討論，就是宰我的傑作，使孔子提出了生理、心理、倫理相貫通的觀點。

印度有一個狼孩的故事，講一個八歲的小女孩，被人們發現和狼一起生活。她回歸人群後，無論人們怎麼教，第一，她很難直立行走；第二，她很難學會說話。離開人群後一個孩童不可能順利成長。我聽到狼孩的故事特別難過，她也是人，人類社會卻沒給她相關幫助，她的人性就隱而不顯。由此可見，很多人外表上順利成長，內心的人性可能隱而不顯。

西方心理學專家強調，人的痛苦多來自五歲以前的遭遇。這說明世界上幾乎沒有一個人完全正常。不過作哲學思考，還是要從正常的角度來看。

譬如孔子，他三歲失去父親，一方面母親給他很多關懷，另一方面他設法多體諒別人。孔子在《論語》裡有八章講過孝順，《爲政》有四章，《里仁》有四章，聽了讓人感動。如「父母之年，不可不知也。一則以喜，一則以懼」（出自《論語・里仁第四》），說父母年紀大了，我們一方面覺得父母高壽，替他高興；另一方面擔心，父母身體不好了。

言語科第二名子貢，當然很好了。對於孔子的學生，我一向認爲到了子貢爲止，前面六位是高材生。但是高材生也有德行不好的，那就是宰我。他愛白天睡覺，還愛與老師針鋒相對地去討論。

政事，指政務與事務。冉有、季路這兩個人最適合從政。

文學，指對文獻知識的把握。今天的文學一般用狹義，指寫作文章。子游、子夏在文獻方面頗有心得。孔子曾經稱讚說，啓發我的人就是子夏啊。在《禮運・大同篇》裡有關於子游的一段。孔子參加一項祭祀活動，出來之後對子游說：「大道之行也，天下爲公，選賢與能，講信修睦。故人不獨親其親，不獨子其子。使老有所終，壯有所用，幼有所長。」（出自《禮記・禮運》）

顏淵死，顏路請子之車以為之椁。子曰：「才不才，亦各言其子也。鯉也死，有棺無椁。吾不徒行以為之椁。以吾從大夫之後，不可徒行也。」

有人把「椁」解釋爲「內棺外椁」的椁。顏路是顏淵的父親，也是孔子早期的學生之一，他不可能對老師說，老師你把車賣了，讓我給兒子做一個外面的棺材。買棺材可以借錢，何必讓老師賣車呢？歷代許多注解忽略了這種解釋的不合理性。其實「椁」有其他用法，即送棺材的禮車。

顏路對孔子說，老師，我兒子過世了，我借你的車來運送棺材吧。孔子說：「不管有沒有才能，說起來總是自己的兒子。鯉死時，也是只有棺材而沒有禮車。」因爲孔子的兒子鯉的身分是士，依禮不能用禮車運他的棺材，用人拉就可以了。雖然你兒子比我兒子傑出，也不應該違背禮法。孔子還說：「我並未自己步行而把車當禮車。因爲我曾擔任大夫，依禮不可以步行送葬的。」這是古代的規定。

顏淵死了，孔子說：「噫，天喪予！天喪予！」（出自《論語・先進第十一》）孔子在「五十而知天命」之後，認爲他要回應的是天命，「六十而順」是順天命。顏淵一死，孔子認爲上天交給他的使命無法完成了，相當於「天喪我也」。

看到這裡，我會想到耶穌說的話。耶穌被釘在十字架上時，說，天父，你爲什麼捨棄了我？有人會問，他不是神的兒子嗎？明知道死後三天就會復活，爲什麼要講這句話呢？其實這句話反映出他確有人性。人面對死亡這個關口，肯定會感覺到莫名的恐懼，連耶穌也不例外，普通人更是如此。

人活於世上就有天命，只看我們能否掌握住。實現天命不是要擺脫日常的生活，而是一種修煉和修行，不然就不了解一般人的痛苦、煩惱了。

顏淵本來是繼承孔子道統的人，幫助他實現天命，如果他不死，不需要等到孟子再來繼承。所以孔子眞應該傷心啊！

孔子有一種對生命的最高嚮往，有一種使命感，這使命感就是承禮啓仁：把禮接過來，開創一個仁。這是對人性的全新理解，人的價値由外在轉向內在，每個人的人格完全平等，人生的修煉責任是在自己身上，這是孔子最大的思想貢獻——只要眞誠，就有行善的力量由內而發。

3. 鬼神生死

季路問事鬼神。子曰：「未能事人，焉能事鬼？」曰：「敢問死。」曰：「未知生，焉知死？」

子路請教如何服侍鬼神，孔子說：「沒有辦法服侍活人，怎麼有辦法服侍死人？」因爲人死爲鬼，你與活著的人不能好好相處，怎麼可能服侍好鬼神呢？子路又問：「膽敢請教死是怎麼回事？」孔子說：「沒有了解生的道理，怎麼會了解死的道理？」

很多人喜歡談生死學，有一位前輩學者特別指出，孔子這句話講得不夠地道，因爲他不太了解什麼是死亡，好像在迴避這個問題。海德格說，人要向死而生。這就講得非常透徹。

這麼說是冤枉了孔子。孔子善於因材施教，這個問題誰都可以問，就是子路不能問——因爲子路屬於行動派，對於思考、文學、藝術毫無興趣。譬如前面講過，子路彈瑟很難聽，孔子說，我的門下怎麼會有這種學生？其實子路是非常豪爽的人，以他的個性難以體會死亡。

在《論語》中，「生」這個字出現了十六次，「死」這個字出現了三十八次，如「殺身成仁」這樣有關死亡的命題，在《論語》中出現過多次。譬如「朝聞道，夕死可矣」（出自《論語・里仁第四》），假如孔子不了解死亡，怎麼可能講出這種話呢？說孔子不懂死亡，實在冤枉了孔子。

這一章關於祭祀，講的還是眞誠的問題。《易經》裡只要談到祭祀，只有一個原則：虔誠。「東鄰殺牛，不如西鄰之禴祭，實受其福。」（出自《周易・既濟卦九五》）牛是三牲之首，東鄰殺了牛也沒用，因爲不眞誠。只要內心虔誠，配合季節心意，哪怕祭品再微薄，也是有效的。

子曰：「由之瑟奚為於丘之門？」門人不敬子路。子曰：「由也升堂矣，未入於室也。」

孔子說：「由所彈的這種瑟聲，怎麼會出現在我的門下呢？」其他學生聽了就不尊重子路了，這說明他們以前很尊重子路這個帶頭大哥。子路隨身帶著一把劍，沒有人敢不尊重他。孔子說：「由的修養相當於登上了大廳，還沒有進入深奧的內室而已。」這就是「登堂入室」一詞的由來。

4. 學生特色

子路、曾皙、冉有、公西華侍坐。子曰：「以吾一日長乎爾，毋吾以也。居則曰：『不吾知也！』如或知爾，則何以哉？」子路率爾而對曰：「千乘之國，攝乎大國之間，加之以師旅，因之以飢饉；由也為之，比及三年，可使有勇，且知方也。」夫子哂之。「求！爾何如？」對曰：「方六七十，如五六十，求也為之，比及三年，可使足民。如其禮樂，以俟君子。」「赤！爾何如？」對曰：「非曰能之，願學焉。宗廟之事，如會同，端章甫，願為小相焉。」「點！爾何如？」鼓瑟希，鏗爾，捨瑟而作，對曰：「異乎三子者之撰。」子曰：「何傷乎？亦各言其志也。」曰：「莫春者，春服既成，冠者五六人，童子六七人，浴乎沂，風乎舞雩，詠而歸。」夫子喟然嘆曰：「吾與點也！」三子者出，曾皙後。曾皙曰：「夫三子者之言何如？」子曰：「亦各言其志也已矣。」曰：

「夫子何哂由也?」曰:「為國以禮,其言不讓,是故哂之。」「唯求則非邦也與?」「安見方六七十如五六十而非邦也者?」「唯赤則非邦也與?」「宗廟會同,非諸侯而何?赤也為之小,孰能為之大?」

這一章很精采,談到孔子的四個學生的志向。

子路、曾點、冉有、公西華在旁邊坐著。孔子說:「我比你們虛長幾歲,希望你們不要因此覺得拘謹。平日你們常說:『沒有人了解我!』如果有人了解你們,又要怎麼做呢?」

子路搶先說了:「一千輛兵車的國家,夾在幾個大國之間,外面有軍隊侵犯,國內又碰上飢荒;如果讓我來治理,只要三年,就可以使百姓變得勇敢,並且明白道理。」孔子聽了微微一笑。因爲治理國家要靠禮讓,子路總是搶先說,一點都不含蓄,不夠禮讓。

孔子接著問:「求!你怎麼樣?」冉有膽子小,比較內斂,回答說:「縱橫有六七十里或五六十里的地方,如果讓我來治理,只要三年,就可以使百姓富足。至於禮樂教化,則須等待高明的君子。」冉有後來的表現倒也不錯。

孔子再問：「赤！你怎麼樣？」公西華適合做外交官，他回答：「我不敢說自己可以做到，只是想要這樣學習：宗廟祭祀或者國際盟會，我願意穿禮服戴禮帽，擔任一個小司儀。」

孔子又問：「點！你怎麼樣？」曾點，即曾皙，他的兒子是曾參。曾點在《論語》出現這一次就夠了，永遠留名。

曾點彈瑟的聲音漸稀，然後「鏗」的一聲把瑟推開，站起來回答：「我與三位同學的說法有所不同。」孔子說：「有什麼妨礙呢？各人說出自己的志向罷了。」其實曾點的志向實在不算志向，他說：「暮春三月時，春天的衣服早就穿上了，我陪同五六個成年人，六七個小孩子，到沂水邊洗洗澡，在舞雩台上吹吹風，然後一路唱著歌回家。」這是生活態度嘛！

這是眞正精采的一段。孔子聽了讚嘆一聲，說：「我欣賞點的志向啊！」前面三個學生聽了，反應很激烈，立刻離開教室。古時候上課不開心，老師可以跑掉，學生也可以跑掉。四個學生中，老師只稱讚了一個，另外三個趕快走吧。

孔子爲什麼稱讚曾點呢？因爲曾點配合天時，暮春三月；配合地利，住在沂水附近，有舞雩台；配合人和，五六個大人，六七個小孩。人活在世上，當然希望成爲人才而爲社會所用，但是那要靠別人安排，不是想要就有的。如果你配合天時地利人和，自己可以隨時掌握快樂。人眞正的志向在內不在外，快不快樂要自己負責。我們不能選擇時代，不能說本來想要過得好一點，時代不允許。

孔子稱讚曾點，說明他心裡也希望天下太平，大家可以過和諧快樂的生活，不用爲政治問題煩惱。其實前面三個學生都有正常表現，希望得君行道，好好爲社會服務。

三個人走了之後，曾點就露出了馬腳。曾點太得意了，立刻乘勝追擊，說：「那麼三位同學的話怎麼樣？」他要老師點評。孔子說：「各人說出自己的志向罷了。」孔子希望他不要問了，這次你第一名了，還問什麼呢？但是曾點還要問：「老師爲什麼對由的話微笑呢？」孔子說：「治理國家要講禮，他的話卻絲毫不謙讓，所以笑他。」曾點又問：「難道求講的就不是國家嗎？」孔子說：「縱橫六七十里或五六十里的地方，怎麼見得不是國家呢？」曾點又問：「難道赤講的不是國家嗎？」孔子說：「有宗廟祭祀與諸侯會同之事，不是諸侯的大事又是什麼呢？如果赤只做個小司儀，誰能來做大司儀呢？」

孔子又把三個同學稍微抬高一點，避免曾點一路狂妄下去。曾點有比較之心，說明他沒有那麼超越。

曾點的境界並不是太高。他最有名的故事是打兒子，曾參被他打得很慘。孔子在楚國時，曾參十六歲了，曾點就對兒子說，你去跟我的老師學習吧，從十五歲以上的學生，我的老師沒有不教的。曾參就跑到楚國拜孔子爲師。他比孔子小四十六歲，太年輕了。他跟同學吹噓，說我最孝順了。同學問爲什麼，他回答，每次我父親打我，我都不跑，讓父親打到滿意爲止。孔子聽了之後，把曾參找來問，聽說你父親打你，你都不跑？曾參說，是啊，這不是孝順嗎？孔子說，不對，這不是孝順。曾參說，老師難道要我跑嗎？孔子說，也不對。曾參說，該怎麼辦呢？孔子說，「大杖則逃，小杖則受」。你父親拿粗棍子打你就逃，父親拿細棍子打你就接受。孝順不孝順不在於被打，而要看棍子來決定跑掉還是挨打。因爲你父親拿粗棍子可能會打傷你，那樣別人就會笑你父親。以曾參的材質，聽到這種話恐怕也難以判斷。

有一次，曾參在田裡鋤草，不小心弄斷了一根瓜藤，他父親對他一頓痛打，打得他昏過去了，好久才醒過來。這是孔子的學生嗎？孔子的學生怎麼有暴力傾向呢？家庭暴力。所以曾點這個人，就是在那次問答中表現最特殊。《孟子》裡也講曾點，孟子講狂者，就拿曾點舉例。曾點開口就說「古之人，古之人」，代表他志向很高，要跟古人學；但是他言不顧行、行不顧言，說話和行為脫節，往往做不到。

但是朱熹對這一章作注解時，把曾點捧上了天。有時候學者講話比較誇張，忽然把曾點說得非常了不起，恐怕曾點自己也看不懂了。讀書切記不能斷章取義。

子曰：「從我於陳、蔡者，皆不及門也。」

孔子說：「跟隨我在陳國和蔡國之間的學生，與這兩國的君臣都沒有什麼交往。」

有人解釋為：當時跟隨我在陳國和蔡國之間的學生，現在都不在身邊了，有的學生就業了，有的做官了。事實上，孔子的學生如顏淵、子路等，很多都跟隨他到自己過世或老師過世為止，並沒有不在門下的問題。

《孟子・盡心下》中提到，「君子之厄於陳蔡之間，無上下之交也」，就是講孔子在陳國、蔡國之間有困難，是因爲「無上下之交」，他的學生們和兩國的國君、大臣都沒有交情。〈先進第十一〉中的「皆不及門也」，指的是陳國和蔡國的國君、大臣的門。

卷　三

顏淵第十二：化被動為主動

儒家的心傳就是，能夠自己做主，實踐禮的要求。化被動爲主動，一生做到這一點就可以了。

1. 顏淵問仁

顏淵問仁。子曰：「克己復禮為仁。一日克己復禮，天下歸仁焉。為仁由己，而由人乎哉？」顏淵曰：「請問其目。」子曰：「非禮勿視，非禮勿聽，非禮勿言，非禮勿動。」顏淵曰：「回雖不敏，請事斯語矣。」

孔子最好的學生是顏淵，孔子最重要的核心觀念是仁。顏淵問仁，值得注意。可惜，這一章向來被人誤解。

顏淵請教如何行仁。孔子說：「能夠自己做主去實踐禮的要求，就是人生正道。任何時候，只要能夠自己做主去實踐禮的要求，天下人都會肯定你是走在人生正道上。走上人生正道是完全靠自己的，難道還能靠別人嗎？」顏淵說：「希望指點一些具體做法。」孔子說：「不合乎禮的不去看，不合乎禮的不去聽，不合乎禮的不去說，不合乎禮的不去做。」顏淵說：「我雖然不夠聰明，也要努力做到這些。」

「克己復禮」，有人解釋為兩層意思：約束自己而遵守禮的規定就是仁。那麼「爲仁由己」該怎麼解釋？修行仁德全靠自己？前面講約束自己，後面講全靠自己，是有矛盾的。自己不好才需要約束，又怎麼能全靠自己呢？

從孔子整體的思想來看，對於仁他只有一個簡單原則，就是化被動爲主動。我們從小就是被動的，被要求守規矩，被要求去行善，被要求好好讀書。哪一天我們發現，自己願意主動去做，生命就成熟了，人格就挺立了。這就是化被動爲主動。

第一，「克己復禮」的「克」應該作「能夠」講。有人懷疑這種翻譯，其實翻譯得沒錯。在古文中，「克」經常作「能夠」講，《大學》裡就有「克明俊德，以親九族」（出自《尚書》）的話。

第二，如果「克己」翻譯爲「能夠自己做主」，那麼「己」爲什麼放後面？在《論語》中這種情況很多。如「子謂子產有君子之道四焉。其行己也恭。」（出自《論語·公冶長第五》），「行己也恭」是說我自己要保持恭敬的態度，並不會說「己行也恭」；再如「行己有恥」（出自《論語·子路第十三》），是說我對自己的行爲要有羞恥感；再如「恭己正南面而已矣」（出自《論語·衛靈公第十五》）。在這些地方，「己」其實是主詞，說我本身要如何。

把「克己復禮」的「己」當做主詞，「克」作「能夠」講，就是講成一句話：能夠自己做主，去實踐禮的要求。我們以前是被動的，現在能夠自己做主。後面接著說「爲仁由己」，走上人生正道完全靠自己。

在《左傳》中也出現過「克己復禮」這個詞，說明孔子的時代已經有這樣的觀念。但是，學哲學要考慮一點，就算當時這個詞是說克制自己，實踐禮的規範，孔子也可以有不同理解。顏淵「請問其目」，問孔子具體怎麼入手，孔子講了四個「非禮」如何。如果前面講「克己復禮」是說克制自己而去做合禮的事，後面講不合乎禮的事情都不要做，兩者有什麼差別呢？答案就太簡單了。

還有一點，如果「克」是克制的意思，講「克己復禮」對顏淵不公平。因爲顏淵本身是最沒有欲望的。顏淵聽了這樣的話也會嚇一跳：我還不夠克己嗎？他的克己連莊子都知道。

顏淵在莊子筆下和在《論語》中完全不同，變得很喜歡做官，很喜歡做事。他想到衛國幫忙，因爲衛國國君瞎搞，老百姓受苦受難。顏淵說，我要勸國君好好對待百姓。孔子說，你最好不要去，隨時會有生命危險的。顏淵說，我有三個方法，內直、外曲、成而上比。內直，就是向自然看齊，國君跟我一樣，大家都好像沒有心機，很自然地有話就說出來；外曲，外表向別人看齊，別人跪我就跪，別人拜我就拜，別人有禮貌我就有禮貌，那國君會對我怎麼樣呢？成而上比，是向古人看齊，我處處引用古人的話來勸國君，如「這是堯說的」，「這是舜說的」，這樣國君就不會怪我吧？孔子說，不行，還是有危險，你隨時會被殺掉的。顏淵問，到底該怎麼辦呢？孔子說，你要守齋。顏淵嚇了一跳，說，我已經三個月沒有吃肉沒有喝酒了，還讓我守齋？孔子說，讓你守的不是這個齋，是心齋。莊子的「心齋」就是從這裡來的。可見，連莊子都同情顏淵窮得不得了，再沒有什麼好克制的了。

有誰敢說顏淵不夠克制？沒有人比他更能自我約束的了。對待這麼重要的問題，如果孔子對顏淵講要約束自己的話，就是沒有因材施教了。而因材施教，一直是孔子標榜的目標。

在這裡，孔子對顏淵講他最主要的心傳。儒家的心傳就是，能夠自己做主，實踐禮的要求。化被動爲主動，一生做到這一點就可以了。以前遵守規範做好事都是被要求的，有各種壓力，現在做好事是自己眞誠，由內而發產生力量，自己做主而合乎禮的要求，就是人生的正路。儒家的核心思想就這樣展現出來。

顏淵「請問其目」。綱舉目張，「目」字就代表入手的地方。孔子前面講原則，後面告訴你具體怎麼做，四個注意——「非禮」勿視、勿聽、勿言、勿動。別忘了，孔子有一貫堅持的教育方法。子貢請教他：「貧而無諂，富而無驕，何如？」子曰：「可也。未若貧而樂道，富而好禮者也。」（出自《論語・學而第一》）孔子教人時，一向是從消極的「不要怎樣」，到積極的「要怎樣」。他所說的「非禮」勿視、勿聽、勿言、勿動，是說不要違背禮。積極的該怎樣呢？要主動去行禮。在此「仁」理解爲「行仁」。孔子說，不論任何時候，只要能夠自己做主去實踐禮的要求，會得到天下人的肯定。這就是走在人生正道上，難道還能靠別人嗎？

2. 行仁之道

子張問善人之道。子曰：「不踐跡，亦不入於室。」

——〈先進第十一〉

子張請教善人的作風如何。孔子說：「他不會隨俗從眾，但是修養也還沒有抵達最高境界。」踐跡，別人的足跡我再來踩，代表我隨俗從眾，別人這麼走，我也這麼走。

孔子對善人的評價不太高。善人雖然不會隨俗從眾，但是境界不算太高，不懂得什麼是仁。

仲弓問仁。子曰：「出門如見大賓，使民如承大祭。己所不欲，勿施於人。在邦無怨，在家無怨。」仲弓曰：「雍雖不敏，請事斯語矣。」

整部《論語》中，「己所不欲，勿施於人」出現過兩次，這是一次，另外一次是對子貢說的。

仲弓請教如何行仁。仲弓是孔子很好的學生，適合做大官，當領袖。孔子就對他說了：「走出家門像是去接待重要賓客，使喚百姓像是去承辦重要祭典（這是給他工作上的建議）。自己不喜歡的，就不要加在別人身上（這是給他個人修養上的建議）。在諸侯之國服務，沒有人抱怨；在大夫之家服務，也沒有人抱怨。」仲弓說：「我雖然不夠聰明，也要努力做到這些。」後面的事不容易做到，需要勤政愛民，對任何事都能秉公處理，不然一定有人抱怨。

這三點，都是從我與別人之間適當關係的實現這個角度去考慮。

不過對於顏淵，孔子從來沒有說過他可以做官，他自己也不願意做官。在《莊子》中有一段故事。孔子問顏淵，你為什麼不做官？顏淵說，我不想做官。我城外分了五十畝地，可以供給我稀飯；城內有五畝地，可以種桑養蠶，做幾件絲棉襖穿；同時還有老師的道可以讓我快樂，所以我不想做官。

我們講「貧而樂道」，為什麼孔子的道讓人快樂呢？宋代學者周敦頤收學生的時候，要求學生「尋孔顏樂處」，問孔子和顏淵的快樂在什麼地方。貧窮就會快樂嗎？貧窮會痛苦，怎麼會快樂呢？顏淵所了解的孔子的道，到底是什麼呢？

如果不了解人性向善，就沒有答案了。真誠引發力量，由內而發，達到自我的要求。我的快樂也是由內而發，外在的成敗得失不太重要。一般來講，富貴榮華絕對比不上心安，比不上內心真誠的快樂。儒家思想的特色就在這裡。

人性向善，擇善固執，最後止於至善。孔子提到善的時候，從未離開過人群。「在邦無怨，在家無怨」，出門怎麼樣，使喚老百姓怎麼樣；「己所不欲，勿施於人」，也是講人我之間。這裡面就有向善的要求。

孟子認爲，人生的快樂有三種，其中第二種叫做「仰不愧於天，俯不怍於人」。我與天下人都不一樣，還能堅持原則，因爲我了解什麼是天命。這叫做超越界的力量。孟子引述孔子的一段話，「自反而縮，雖千萬人，吾往矣。」（出自《孟子・公孫丑上》），我反省自己，覺得自己做得不錯，那就算千萬人跟我不同，我照樣往前走。爲什麼要跟多數人作對呢？因爲我反省自己是對的。

如果違背天下人的意思，如果堅持原則就要犧牲生命，該怎麼辦？沒有人願意碰到這種情況。但是孔子說「殺身成仁」，孟子說「舍生取義」，這裡有一個選擇的問題。

・思辯與問答

【學　生】「子貢問曰：『有一言而可以終身行之者乎？』子曰：『其恕乎！己所不欲，勿施於人。』」（《論語・衛靈公第十五》）子貢問，有沒有一個字可以讓人終身奉行。為什麼孔子不說是「仁」，而說是「恕」呢？

【傅佩榮】因為「仁」是一個普遍原則，包括人之性、人之道、人之成等一大串問題。「有一言」，言也代表德，孔子講了一個「恕」字，這是一個具體的行為指標。如果講「仁」，是很抽象的。

孔子對子貢有相當的認識，孔子對他講，仁者「己欲立而立人，己欲達而達人」，這當然很好，非常積極、正面。但是如果選一個字而終身從之，就講「恕」。如心為恕，將心比心，把別人想成自己，把自己想成別人，這也是「己所不欲，勿施於人」。

仁是一個普遍的大原則，像顏淵問仁，仲弓問仁，答案都不一樣。講「恕」就很直接，可以終身從之。

3. 天道之辨

天，在古代是最重要的概念，非常豐富，古人用來解決宇宙和人生的來源問題，以及人生觀終極標準的問題。我在美國讀書時，聽西方學者講，在中國古代思想裡，老子的道家是具有革命性的。我簡直不敢相信，誰會把革命性和道家聯繫在一起？道家當然是無為，順其自然，不爭，逆來順受，「知其不可奈何，而安之若命。」（出自《莊子．內篇．人間世第四》）；誰跟你去革命呢？可是旁觀者清，西方學者認為，老子把天去掉，換成了道，這不是革命嗎？

老子認為，上有天下有地，這是相對的自然界，並不太重要；重要的是道。他用道代替天本來的意思。

天有什麼不好呢？天命無常。《詩經》中有不少句子罵天，「視天夢夢」（出自《詩經．小雅．節南山之什》），看到天像做夢一樣，為什麼好人倒楣，壞人得意呢？罵天，說明原本相信天是正義的。古人討論最根本的問題時，都會把天搬出來。天子代表天，是天的兒子，但是他往往錦衣玉食，作威作福，不顧老百姓的死活，所以老百姓對天失望了。但是沒辦法，不能沒有政治組織或者民間信仰。

道家的革命性就在這裡。他們的天變成自然界的天地，另外換了一個道。這個道是超越的道，具有革命性。這是道家思想的精采之處。

在西方，上帝就是人們可以設想的最偉大的事物。所以上帝一定存在，如果不存在，可以設想一個存在的上帝。這只能說明兩個字：自因——自己是自己的原因。

老子的道就是標準的自因，比天地萬物出現得更早。莊子把老子的道講得更清楚，在《大宗師》裡他說：道就是自本自根。西方人找了幾千年，也是爲了找這個答案。一定有一樣東西是自本自根的，以自己爲本，以自己爲根，不需要依靠其他力量就可以存在，這樣才能作爲宇宙萬物的起源以及歸宿。

儒家爲什麼要講天呢？非講不可。道家爲什麼要講道？不講不行。否則思考就沒有了來源和歸宿，一切都變成相對的，浮生若夢。

・思辯與問答

【學　生】「死生有命，富貴在天」，這個命是不是指天命？

【傅佩榮】司馬牛很憂愁，說：「別人都有兄弟就我沒有。」子夏就說：「我聽到的說法是（注意，凡是《論語》中學生聽到的說法，都是指孔子的話）死生各有命運，富貴由天命安排。」司馬牛水平不高，而子夏的書讀得不錯，列於文學科。

命，一般理解為遭遇。譬如，一個人生於什麼家庭，在什麼地方成長，讀書被分配到什麼樣的班級，碰到什麼樣的老師，這些都不是自己能選擇的。「死生有命」，死與生是人生兩個最大的問題。

古代講天與命，有時候會放在一起，因為命來自天，天是所有一切的最終根源。個別的人有個別的命，最後都要推到天這個根源，由天安排。人們如果找不到命的來源，只能說是天的意思。

如「五十而知天命」，「天命」有兩個意思，一是命運，一是使命。講命運的時候，偏重遭遇；講使命的時候，偏重自我選擇。孔子「五十而知天命」，同時知曉兩個方面。他知道自己的命運，開始一直在魯國，五十而知天命，可以做官了，出來做官幾年後，發現在魯國施展不了抱負。他的使命是什麼呢？儀封人說「天將以夫子為木鐸」，孔子是奉行天命的。

「死生有命，富貴在天」現在是成語，含義並不複雜，根源都是天。不過一般人把自己的遭遇稱做「命」。

【學　生】既然道家講道，儒家講天，為什麼儒家沒有產生西方人那樣絕對的標準和概念？比如法律，被西方人看得至高無上。儒家卻會根據情況來調整。

【傅佩榮】你談到西方人講法律的原則，要知道法律不能違背良心原則。國家法律不能超越個人良心，因為個人良心是對神負責的，從蘇格拉底的時代開始一直是這樣。在希特勒的時代，要求人們服從國家和領袖，殺害猶太人。有些人認為，殺害猶太人是違背良心的，所以他們不做，法律也沒辦法判他們有罪。希特勒可以迫害他們，但不能說他們有錯。

西方人絕不是法律至上。法律是死的條文，憑什麼約束活生生的人呢？西方人喜歡講判例，何種情況如何判斷；以後就可以參照，第幾號判例如何，這個案子又該如何，最終不能違背良心原則，不能只靠法律。只要有規則就有例外。

儒家講真誠，與西方哲學有什麼差別呢？「唯天下至誠，為能盡其性。」（出自《中庸》）當我真誠面對自己的時候，沒有誰可以質疑、否定我，因為我完全出於公心，而非出於私心。我「公其心」，出於內心真誠的自我覺察，而不是扭曲自己去迎合別人的要求。

4. 無信不立

子貢問政。子曰：「足食，足兵，民信之矣。」子貢曰：「必不得已而去，於斯三者何先？」曰：「去兵。」子貢曰：「必不得已而去，於斯二者何先？」曰：「去食。自古皆有死，民無信不立。」

子貢請教政治的做法。孔子說：「使糧食充足，使軍備充足，使百姓信賴政府。」子貢再問：「如果迫不得已要去掉一項，先去掉這三項中的哪一項？」孔子說：「去掉軍備。」子貢又問：「如果迫不得已還要去掉一項，先去掉這兩項中的哪一項？」孔子說：「去掉糧食。自古以來，人總難免一死，但是百姓若不信賴政府，國家就無法存在了。」

・思辯與問答

【學　生】孔子說先去兵，然後去食。然而孟子說「有恆產者有恆心」，古人也講「衣食足而知榮辱」，如果沒有糧食，會怎麼樣呢？

【傅佩榮】我們思考問題，有時候比較極端。譬如，「足食，足兵，民信之矣」，不得已的話去掉哪一個？你可能會說，當然去兵，先不要搞軍備打仗，如果飯都吃不飽，有武器也拿不動。接下來比較麻煩，老百姓要信賴政府，國家才能存在；民以食為天，老百姓要吃飯才能活下去。選哪一個呢？思考時需要一點彈性，不能設想大家都不吃飯，通通死光光，就沒有國家了。怎麼會有這種情況呢？少吃一點瘦一點，減肥不是很好嗎？或者是某些人餓死了，另外一些人繼續活下去。孔子是討論有關重要性的優先順序。

有一次孔子到衛國去，冉有為他駕車。孔子說：「庶矣哉！」（出自《論語・子路第十三》）人口真多啊。冉有馬上就問，下一步該怎麼辦呢？「富之」，讓他們發財，接著是「教之」。有人就說，孔子讓我先發財再受教育，如果我一輩子都發不了財，就不要受教育嗎？或者我覺得一輩子發的財不夠，就永遠不要受教育嗎？教育排第三，怎麼算是儒家呢？簡直變成經濟學派了。

什麼叫做邏輯上的先後呢？由邏輯二字，聯想到理解，邏輯提供合理的方式，是有助於理解的。庶之、富之、教之，這不是時間順序，而是邏輯順序，說明教育是目的，有了目的，才能理解為什麼人口要增多，而且要發財。孟子說，「飽食、暖衣、逸居而無教，則近於禽獸。」（出自《孟子・滕文公上》）不管人多人少，有錢沒錢，教育是一個最根本的目標。這是邏輯上的理解。

如果認為發夠了財再讀書，像企業家賺了錢再去讀ＥＭＢＡ班，難道一般老百姓沒有賺多少錢，就不用念書了嗎？當然，退一步說，現在賺錢之後知道讀書的人已經是了不起了。

國家稍微減少一些軍備，但不是完全不要，吃東西少吃一點，不是全都餓死，這些都可以。假如政府沒有信用，得不到老百姓的信賴，天下一定大亂，大家吃得越飽天下越亂。「自古皆有死，民無信不立」，糧食減少一點，大家餓一點、辛苦一點、貧困一點，只要政府有信用，國家也會有希望。

卷四

子路第十三：做合乎身分的事

教育的目標是：首先，教人做狷者，有所不爲，絕不作弊；接著，教人做狂者，追求高的目標，提升自己的人格；最後，要做到中行，判斷什麼時候該狂，什麼時候該狷。

1. 名正言順

子路曰：「衛君待子而為政，子將奚先？」子曰：「必也正名乎！」子路曰：「有是哉，子之迂也！奚其正？」子曰：「野哉，由也！君子於其所不知，蓋闕如也。名不正，則言不順；言不順，則事不成；事不成，則禮樂不興；禮樂不興，則刑罰不中；刑罰不中，則民無所措手足。故君子名之必可言也，言之必可行也。君子於其言，無所苟而已矣。」

孔子到衛國，正趕上衛國內亂。衛靈公的兒子叫蒯聵，他是公子，可是得罪了衛靈公夫人南子，他曾試圖謀殺南子，失敗之後只好逃亡。衛靈公一過世，做兒子的已經逃到外國，做孫子的就當了國君，就是衛出公。公子蒯聵想要回國，他說我還沒有當國君，你怎麼能當國君呢？但是衛出公當了國君，背後就有一批人支持他，他如果退位，這批人也要下來。這批人不肯放手，最後演變成父子爭位，情況很糟糕。

這時候孔子正好來了。子路問他：「衛國國君如果請您去治理國政，您要先做什麼？」孔子說：「一定要我做的話，就是糾正名分了。」子路聽了，覺得糾正名分緩不濟急，根本不切實際，因爲他是搞實際政治的，認爲要先做富國強兵或者禮樂教化的事。子路立刻說：「您未免太迂闊了吧！有什麼好糾正的呢？」他居然說老師迂闊，簡直是不想混了。孔子說：「你眞是魯莽啊！」你說我迂闊，我就罵你野，相罵就沒有好話了。

孔子說：「君子對於自己不懂的事，應該保留不說。名分不糾正，言語就不順當；言語不順當，公務就辦不成。」你到底是君是臣，是父還是子呢？一國只有一個國君，你們還有父子關係，到底該肯定哪一個？「公務辦不成，禮樂就不上軌道；禮樂不上軌道，刑罰就失去標準；刑罰失去標準，百姓就惶惶然不知所措了。因此，君子定下一種名分，一定要讓它可以說得順當，說得出來，也一定讓它可以行得通。君子對於自己的言論，要求做到一絲不苟罷了。」

這一段非常重要，代表了儒家的邏輯，由此推理可知，天下政治都要從名正言順開始。一個人有了身分，說出的話就有代表性。如果今天你當班長，你說話就代表一個班；不是班長，你說話再有道理，只代表個人。你是班長，你就可以代表一個班與別的班溝通，這就是名正言順了。一個社會確實應該重視這種觀念。

2. 子為父隱

葉公語孔子曰：「吾黨有直躬者，其父攘羊，而子證之。」孔子曰：「吾黨之直者異於是：父為子隱，子為父隱。——直在其中矣。」

葉公是楚國的大夫，爲什麼稱公呢？因爲春秋時代楚王就稱王了，與周王平等，所以周王以下的諸侯各國，見到楚國的官員都低了一級。楚稱王，縣長就可以稱公了。周朝稱公是很不容易的，必須是大夫以上，到諸侯的位置。

葉公說：「我們鄉里有一個正直的人，名叫躬的。他的父親偷羊，他就親自檢舉。」孔子說：「我們鄉里正直的人做法不一樣：父親替兒子隱瞞，兒子替父親隱瞞。這裡面自然就有正直了。」

古代人有個習慣，一個人很正直，就被叫做直躬。《莊子》裡有個盜跖，哪家父母會給小孩取名「盜」呢？這個人本來叫跖，因爲是有名的強盜，所以叫盜跖。《莊子‧盜跖篇》中，孔子想感化盜跖，與他辯論，結果被辯駁得一句話都說不出。盜跖說，孔子你仁義道德掛在嘴上，整天欺世盜名，你應該叫盜丘。司馬遷及以後很多人對莊子都很有意見，因為莊子批評儒家和墨家過分了點，這就是例子。不過這個故事印證了古代的習慣，一個人做什麼事做久了，大家就把這件事加在他的名字上。

孔子可以教他的學生，不過葉公只是朋友，是其他國家的官員，孔子沒有必要表達意見，但他就是要表達。根據儒家對善的理解，對人性的認識，不能容許這種父母子女互相檢舉的行為。

父親替兒子隱瞞，兒子替父親隱瞞，孔子並不說這是正直，而是說這裡面有正直了。「直」代表真誠而正直，從內到外很直接。我父親做壞事了，我不希望別人知道，這是最自然的情感，是人的天性。如果父親違法了呢？父親被抓到，我還是接受這個後果；只是說要隱瞞，不要舉報。

父親做壞事兒子去舉報，兒子做壞事父親去舉報，難道你希望看到這種情況嗎？不希望，因為這樣人與人之間的情感就完全扭曲了，這是不可思議的。還有一點，兒子檢舉父親，兒子真誠嗎？是喜歡博取名聲吧。正常情況下，父親偷羊，兒子害怕別人知道，家醜不可外揚，那麼兒子親自檢舉，要借此讓別人肯定我，忘記了父母懷抱三年，慢慢把自己養大。父親偷羊，有可能是爲了讓兒女吃飽一點。

譬如，有人說父親是黑道，兒子長大之後懂道理了，對父親說，你這個職業不好。父親說，我沒有這個職業，怎麼養大你呢？兒子說，我要去檢舉。這就不是儒家了。什麼叫做親情？親情是不可選擇的，你不能問父母，你們的職業是不是很正當？父母做的是父母的事情，子女只是做子女的身分。

不過，互相隱瞞是要付出代價的。《孟子》裡有這樣一段。桃應問孟子，舜的父親瞽叟殺人，舜該怎麼辦？這個問題非常好，因爲舜是天子，大家都看他怎麼辦。

孟子的回答是，舜可能會派皋陶把自己的父親抓起來。皋陶是司法官，即使是面對舜的父親，依據法律抓起來就算了。學生再問，舜眞的會這樣做嗎？孟子說，舜不會這樣做，他會像丟棄舊草鞋一樣丟棄天子之位，然後背著父親沿著海邊逃走，住下來之後，一輩子快樂地忘記了天下。

「忘記」二字很有意思。對舜來說，他不可能又當天子又保護他父親。他當天子就要執法，就要公平；他不當天子了，只是單純的兒子，眼裡只有單純的父親，保護父親天經地義，會背著父親逃到海邊。他不會跟官府對抗，或者革命，而只是逃走，如果官府抓不到是他們辦事不力，如果被追捕到也只好認了，不會拒捕。若在今天，兒子會讓父親坐牢，然後爲他找好的律師。這就是儒家，就這麼簡單。

從這個角度理解，儒家思想是不會反對法律的。這裡沒有討論舜的父親瞽叟爲什麼殺人。他也許是正當防衛——跟人家打架輸了，別人要整他，他只好正當防衛；也許是別人要殺他父親；也許是喝醉酒了，一時很氣憤。做子女的沒有資格判斷父母是否違法，只是要保護父母。父親被抓到，子女也會遵從法律，這叫做社會規範。

·思辯與問答

【學　生】有一個女同胞比較關心的問題。以前都說「父母之命，媒妁之言」，父母對子女的婚姻有非常大的決定權。我覺得，這是不是對於子女不算尊重，父子或者父女之間的關係不太恰當？

【傅佩榮】古時候沒有這個問題。那時候男女沒有公開交往的機會，如果沒有「父母之命，媒妁之言」，就沒有機會結婚了，除非演一齣《西廂記》，那是另外一套了。現在不一樣，你在大學裡自由交了朋友，回到家父母卻另外找人讓你相親，規定你要和誰結婚，這是沒有人會接受的。

【學　生】我身邊有這樣的例子。我的一個學姐和她的男朋友交往了很久，但是她的父母不同意，現在她和父母的關係有點僵，男朋友也看不到前途。

【傅佩榮】如果感情真的好，就不要那麼著急結婚。按照一般常態，父母會先過世的。如果子女不管父母，一定要結婚，鬧家庭革命，最後父子斷絕關係，那不是儒家所樂見的。不要弄到那個地步。

第一，父母不能強迫你跟誰結婚；第二，父母反對你跟誰結婚，是為了你好，雖然他所謂的「為你好」，跟你所認為的「好」不一樣。你要設法讓父母發現，原來你自己認為的才是真的「好」。如果已經產生了誤會，或者八字相剋、星座衝突，就只有以拖待變。人生的很多事情不要著急，以拖待變是一個方法。因為你不容易改變老人家的觀念，有些觀念是一輩子都不會改的。現代生活中，如果你比較年輕，就設法在夾縫中求生存，不要造成嚴重的衝突。但是如果你著急，傷害親情，就永遠無法彌補了。很多問題不好解決，這時候應該避開，暫時不要直接碰撞。事緩則圓，拖一拖也許就有好結果了。

【學　生】唐玄宗時代有兩個年輕人，父親被一個惡人害死了，他們就為父親報仇，找到惡人殺了他，然後投案自首。唐玄宗接到案子之後，讓大臣們討論解決辦法。有些大臣認為，不按照刑法處理不好；有些大臣卻認為，兩個年輕人是因為孝，為自己的父親報仇而殺人的。唐玄宗決定，以後這樣的案子都要上報朝廷，討論後再決定，但是這個案子一直沒有結果。這就是孝和國家制度的關係。

【傅佩榮】很好的問題。一個是消極的不作為，背著父親逃跑；第二個是積極的作為，自己去把仇人殺掉。我不能接受後者，自己執法殺掉仇人，一旦同意這一點，社會標準就放鬆了。我打不過你，就找我哥哥打你，也是類似私自執法，這違背了社會規範。遵守社會規範，是一個限制性原則。

我們常常講真誠，孟子說「徒善不足以為政，徒法不能以自行」（出自《孟子・離婁上》），這個法就是社會規範，一旦放鬆，以後什麼都可以放鬆，每個人各行其是，社會就瓦解了。對私自報仇的人一定要依法處分，不至於判處死刑，但是不關十年八年，天下人得不到警戒。每個人都說，你對我如何，我就如何回報，社會就亂了。

【學　生】能不能站在孔子當時的角度看現在的問題呢？第一個例子是美國的，有個人詐騙了五百億美元，把所有的錢給了兒子，自己去坐牢。新聞評價說，判一百五十年賺五百億，划得來。第二個例子，台灣想從陳水扁的夫人和女兒那裡取得證據，他的兒子把證據拿了出來，使他父親被判刑。

【傅佩榮】這與儒家的關係不是很大。台灣一個有名的講藝術史的美學家，他寫文章說，孔子「父為子隱，子為父隱」這話貽害至今。在陳水扁家裡，兒子替父親隱瞞，父親替兒子隱瞞。但是這裡必須先證明，他們讀過儒家經典，懂得儒家的道理。美國的黑道中人也一樣，父親替兒子隱瞞，兒子替父親隱瞞，他們都懂儒家嗎？當然不懂。這是人性自然的表現，儒家只是告訴你，怎麼從正確角度來看人性的正常表現；只是告訴你，親情有人性最基本的一面，有生物性的要求。

在美國的例子中，詐騙犯犧牲自己被關一百五十年，他說，反正我也活不了那麼久，可以讓兒子拿那麼多錢。父母自然是愛子女，但是這個做法傷害社會規範，社會要制裁他，他兒子的五百億未必能用，這是另外一回事。有錢就能快樂嗎？美國有一個富翁，中樂透彩得了幾百萬美元，他的孫女剛讀完中學就自殺了。因為自從爺爺中獎，她就不知道自己為什麼還要念書，錢太多了不知道該怎麼花，所以和一幫朋友一起花，放縱吸毒，不到七年就自殺了。後來她爺爺說，早知道這樣還不如不中獎。

在金錢誘惑之下，多少人還能過正常生活呢？一個人沒有學會對自己生命的掌握，錢多了不見得是好事。

這些例子與儒家沒關係，把這個帳記在孔子頭上就不公平了。可憐天下父母心，他們只是出於好利的本能、對子女的偏愛，卻不清楚對孩子有益的到底是什麼。比如出現洗錢等事，子女會快樂嗎？這是禍貽子孫，他們遭到嘲笑可能不敢上學了，永遠被人看不起。一個社會是有公平之處的，有其評價方式。

3. 行己有恥

子貢問曰：「何如斯可謂之士矣？」子曰：「行己有恥，使於四方，不辱君命，可謂士矣。」曰：「敢問其次。」曰：「宗族稱孝焉，鄉黨稱弟焉。」曰：「敢問其次。」曰：「言必信，行必果，硜硜然小人哉！——抑亦可以為次矣。」曰：「今之從政者何如？」子曰：「噫！斗筲之人，何足算也？」

子貢請教：「要具備怎樣的條件，才可以稱爲士？」孔子說：「本身操守廉潔而知恥，出使外國不負君主所託，就可以稱爲士了。」子貢說：「想請教次一等的表現。」孔子說：「宗族的人稱讚他孝順父母，鄉里的人稱讚他尊敬長輩。」子貢說：「想請教再次一等的表現。」孔子說：「說話一定要守信，行動一定有結果，這種一板一眼的小人物，也可以算是再次一等的士了。」子貢再問：「當前的政治人物怎麼樣？」孔子說：「噫！這些人的器量見識像是廚房裡的小用具，算得了什麼？」

孔子分三等來談「士」，即讀書人。我們先討論第一等，可以思考三個問題：第一，讀書人的「行己有恥」；第二，西方人所謂的罪惡感；第三，中國人所謂的羞恥感。羞恥感即人與群體之間的一種落差，一個人的行爲無法達到群體的共同要求，這個人就覺得羞恥。這也是東方人的羞恥感。比如日本人也承認受了儒家的影響，他們很喜歡強調羞恥心，但是往往只看到一面。因為群體也可能腐化，所以只講個人的羞恥感是不夠的。

西方人講的罪惡感怎麼樣呢？他們講得過多了，總是將有限的人的生命與無限的上帝對照，任何人都覺得自己簡直如虛無一般。生命本來就是有開始，有結束。這種罪惡感對人的生命的殺傷力很大，現在西方人心理問題特別多，比如幾乎每個美國人都有心理醫生。為什麼這麼多人感覺到壓抑、煩惱和痛苦呢？心理醫生往往將其歸結為小時候的一些心結沒有解開，其實這種心結與他們傳統的罪惡感有關。弗洛伊德說過一句話：很多人因為罪惡感而犯罪。這話很深刻，一般人犯罪之後才會有罪惡感，但是西方很多人因為有罪惡感而犯罪。一個人總是感覺自己不配和不堪，他就眞的做壞事了，以證明自己確實不是那麼好。這與西方背景有關。我們中國人有羞恥心，好面子，所以喜歡講關係，喜歡打腫臉充胖子。一個民族的文化源頭，可以影響整個社會的價值觀。

第一種讀書人「行己有恥」。這是一個很重要的觀念，對自己的行為一定要有羞恥心，不允許自己達不到社會標準，這樣就不會公開違背社會秩序；而且要學會慎獨，私底下也不違背，不然內心有了虧欠，對讀書人是很大的壓力。

第二種讀書人重視人際關係，「宗族稱孝焉，鄉黨稱弟焉」，別人稱讚他孝順，說他尊敬長輩。

第三種讀書人，「言必信，行必果，硜硜然小人哉！」孔子居然把「言必信、行必果」稱作「硜硜然小人」——儒家思想的靈活性就在這裡。孟子說：「大人者，言不必信，行不必果，惟義所在。」（出自《孟子・離婁下》）因爲從說話到實踐有一個時間差，不能爲了實踐諾言而不顧其間的任何變化，否則可能害了別人，反倒違背原意。

我們讀書時，需要尋找歷史與現實的材料，來驗證自己的理解是否正確。

4. 教育目標

子曰：「不得中行而與之，必也狂狷乎！狂者進取，狷者有所不為也。」

交友分三等，第一等是「中行」，即行爲適中，當狂則狂，當狷則狷，這是最難的。第二等是狂者，即進取的人。第三等是狷者，是有所不爲的人。教育的目標是：首先，教人做狷者，有所不爲，絕不作弊；接著，教人做狂者，追求高的目標，產生高的嚮往，提升自己的人格；最後，要做到中行，這需要智慧的判斷，什麼時候該狂，什麼時候該狷，需要配合恰到好處。

有所不爲才能有所爲，一個人不屑於做某些低水準、無格調的事，才能眞正有所作爲。一個人有了這種潔癖，說明自己受過教育，懂得生命中哪些東西值得珍惜。

卷五

憲問第十四：修養的境界

孔子講做人，最難的是什麼？不懷疑別人將會欺騙，也不猜測別人將會失信，但是又能及早發覺這些狀況，這樣的人眞是傑出啊！

1. 仁者管仲

子路曰：「桓公殺公子糾，召忽死之，管仲不死。」曰：「未仁乎？」子曰：「桓公九合諸侯，不以兵車，管仲之力也。如其仁，如其仁。」

值得注意的管仲出現了，他受到孔子學生很嚴厲的批判。第一個發難的是子路，第二個反對的是子貢。兩個人代表一般學者的意見，覺得管仲太差勁了。

子路說：「齊桓公殺了公子糾，召忽爲此而自殺，管仲卻仍然活著。」接著又說：「這樣不能算是合乎行仁的要求吧？」孔子說：「齊桓公多次主持諸侯會盟，使天下沒有戰事，這都是管仲促成的。這就是管仲行仁的表現！這就是管仲行仁的表現！」

先來看這一段歷史的背景。管仲年輕時與鮑叔牙是好朋友。齊國發生內亂，齊襄公被殺，他的兩個弟弟逃到國外。這兩個公子將來肯定有一個會回國當國君，因爲只有他們兩個有資格。管仲和鮑叔牙考慮，跟哪一位公子走呢？那時候他們已經有了投資的觀念，知道雞蛋不能放在同一個籃子裡，管仲就說，我們一人跟一個。他們講好，將來不管哪一個成功了，都要救另外一人。

結果是管仲跟錯了，他跟的是公子糾。鮑叔牙比較老實，跟的是公子小白。後來，兩位公子打仗打得很激烈。有一次，管仲一箭射中了小白的帶鉤，假如往上或者往下幾寸，小白就被射死了。小白懷恨在心，說，這個管仲太可惡了。

最終小白先回國了，公子糾和他的隨從包括管仲都留在魯國。小白稱齊桓公之後，魯國國君立刻派人抓了公子糾及其隨從，關了起來。一方面，魯國打不過齊國，要討好齊桓公；另一方面，兄弟當了國君，公子糾就變了政治犯。

齊桓公找到鮑叔牙說，你當宰相吧。鮑叔牙問他，你想稱霸天下嗎？齊桓公回答，當然想啊。鮑叔牙說，能夠讓你稱霸天下的只有一人，就是管仲。桓公說，管仲差一點殺了我，仇恨結得太深，是非殺不可的。鮑叔牙說，你自己看著辦，要是殺了他，就沒有人能幫助你成就霸業了。

但是桓公反過來勸鮑叔牙，說，不要信任管仲，因爲管仲以前當官的時候貪汙，這事你知道嗎？鮑叔牙說，管仲家裡有老母親，貪汙是爲了孝順母親。齊桓公又說，管仲以前打仗的時候，臨陣脫逃向後跑，你知道嗎？鮑叔牙說，他家裡有老母親。想想看，像鮑叔牙這麼好的朋友到哪裡找呢？

齊桓公度量很大，爲齊國霸業著想，願意讓管仲回來。不過需要設計從魯國國君那裡討來管仲。如果齊桓公宣布讓管仲當宰相，魯國一定殺管仲，因爲魯國已經得罪了他，怕他以後報復。桓公就對魯國人說，我兄弟公子糾你們看著辦，管仲我要親手殺掉。魯國人信以爲眞，殺了公子糾，押解管仲出境。齊桓公在邊境上迎接，等管仲一進入齊國邊境，立刻拜他爲相，稱爲「仲父」，一方面是代表管仲的「仲」，一方面是叔叔的意思。管仲非常厲害，做宰相的表現非常精采。

子路很講義氣，認爲管仲的作爲非常可恥，不仁不義，既然跟錯了人，輸了以後就該自殺，爲什麼苟且偷生，而且去幫對方的忙呢？但是孔子爲管仲作了辯護，這是很少見的事。這說明子路等學生不太懂得仁，只知道仁是好事，不知道孔子對仁的看法。

許多學者不敢碰這段話，因爲連子路都看不起管仲，管仲憑什麼「合乎行仁」呢？行仁是多麼高的要求。整部《論語》中，只有六個人被稱爲仁者，合乎行仁的要求。哪六個人呢？有五個人我們認識：微子，可以看《微子》那一篇；

箕子，逃到朝鮮半島去的；比干，被剖心的；加上兩兄弟，伯夷、叔齊。第六個就是管仲。這眞是不可思議啊！前面五個的遭遇都很慘，有的裝瘋賣傻，有的被剖心，有的做奴隸，有的被趕走，有的餓死了，只有管仲吃喝玩樂很快活，卻也被認爲「合乎仁者」。

孔子的理由很簡單，管仲用外交手段避免戰爭，使天下少死了幾萬人幾十萬人，眞是造福天下百姓了。子路肯定不太服氣，下課後找子貢商量，接著子貢就上場了。

子貢曰：「管仲非仁者與？桓公殺公子糾，不能死，又相之。」子曰：「管仲相桓公，霸諸侯，一匡天下，民到於今受其賜。微管仲，吾其被髮左衽矣。豈若匹夫匹婦之為諒也，自經於溝瀆而莫之知也？」

子貢與直爽的子路不一樣，是言語科高材生，才華資質比子路高，講出的理由更加完整。他也批評管仲，說：「管仲不算行仁的人吧？桓公殺了公子糾，他不但沒有以身殉難，還去輔佐桓公。」孔子說：「管仲輔佐桓公，稱霸諸侯，一舉而使天下得到匡正，天下百姓到今天還在承受他的恩惠。如果沒有管仲，我們可能已經淪爲夷狄，披頭散髮，穿著左邊開口的衣襟。他難道應該像堅守『小信』的平凡人一樣，在山溝中自殺，死了還沒有人知道嗎？」

孔子認爲，人不能因爲一時的過失就放棄生命，要看到未來，將來的功勞可以彌補現在的過失，更何況管仲的功勞實在太大了。由此可知，善是我與別人之間適當關係的實現，如果超過自己的職責範圍，達到並超越了善的要求，就證明我行仁了。

道德與事功孰重？事即事業，功即功勞。其實道德不離事功。說一個人有道德，可是他從來沒有幫助過別人，沒有爲任何人造福，那是想像中的道德。所以我們不要怕在社會上做事、經受磨練，把事情做好，就是實踐道德的機會。

這段話裡有一句很有意思，「豈若匹夫匹婦之爲諒也，自經於溝瀆而莫之知也。」我在美國讀書時，有同學說，好像儒家對於男女感情沒有表達意見；也就有外國人說，《論語》中寫到一對男女因爲得不到家人的諒解，就在山溝裡自殺了，而孔子對此表達了反對意見。我聽了嚇了一跳，讀《論語》這麼多遍，卻不知道哪句話提到這種事，後來才知道說的是這句。「匹夫匹婦」指一般男女百姓，被外國人誤認爲是一對青年男女；「自經於溝瀆」，並不是說因爲感情問題在山溝裡自殺。

聽外國人講我們的國學，有時候替他們擔心，就如我們講西方哲學，外國人也替我們擔心一樣。研究西方哲學原典，我們依據的是間接的資料。比如我讀柏拉圖的書，如果自己爲了閱讀原典而學習希臘文，肯定需要一二十年，所以只能借助別人的翻譯。但是一經翻譯就出現差異。我們看到，對中國經典最好的英文翻譯，也會有些錯誤。因爲翻譯是用白話文來說明其內容，也涉及理解的問題。

子路和子貢對管仲不滿，孟子對他更有意見，根本看不起他。孟子說，管仲得到齊桓公那樣的寵信，執政那麼久，沒有改變天下分裂的局面；我如果有機會，就會統一天下。

孟子有幾句話講得很好。「大有爲之君，必有所不召之臣」（出自《孟子・公孫丑下》），大有爲的國君，一定有幾個大臣不是你叫他們來他們就來的，你應該親自拜訪他們，就像齊桓公對管仲一樣。「管仲且猶不可召，而況不爲管仲者乎？」（出自《孟子・公孫丑下》）管仲不會叫來就來，何況我還不屑於當管仲呢！這是《孟子》中最自負的一句話。可惜孟子遇到的不是齊桓公，而是齊宣王。

不只是孔子的學生看不起管仲，孔子也說他「器小」、「不儉」、「不知禮」，知道他的問題很嚴重，爲什麼後來還要高度評價他？管仲一輩子榮華富貴，居然與伯夷、叔齊這些可憐人並列，誰看了不生氣呢？不過，這正是孔子思想的關鍵所在。

孔子到底是以什麼方式來評價的？

・思辯與問答

【學生甲】我覺得孔子是順天命的，他覺得天命就是希望天下安定，所以孔子贊同管仲是一個仁者，有「成大事者不拘小節」的意思。

【學生乙】我認為仁者有大仁、小仁的區別。孔子認為管仲立下的志向是「九合諸侯」，要為華夏文明的延續作大貢獻，他的器量小等缺點不應該成為他不仁的理由。孔子指出管仲的缺點，是客觀敘述，不影響他作出「管仲是一個仁者」的判斷。

【學生丙】淺顯一點談，我覺得孔子想當管仲第二。

【傅佩榮】他也在等待這個機會啊。善是我與別人之間適當關係的實現，管仲是齊桓公的宰相，他的「別人」是齊國百姓。他通過外交手段避免戰爭，照顧了各國百姓，他行的善超過他應該行的，所以孔子說「民到於今受其賜」。他合乎孔子人性向善論的要求，所以孔子說他「如其仁」。

這又涉及道德與事功的問題。管仲能幫助齊桓公九合諸侯，一匡天下，不以兵車，事功很偉大。而他的道德不怎麼樣，對他的公子不夠忠、器小、不知禮。但是，道德不離事功。一個人事功很好，照顧了很多人，他的道德再怎麼不好，不會差到哪裡去。

【學　生】傅老師，伯夷和叔齊也沒有事功吧？

【傅佩榮】伯夷和叔齊沒有事功嗎？他們是孤竹國國君的兒子，因為發現父王喜歡另一個兄弟，所以不願意接受王位，也不想捲入王位競爭中。兩個人說，讓父王選他要的兒子，我們都走吧。他們到了西岐，姬發（即周武王）正好起來革命，兩兄弟反對，說商朝已經統治那麼久了，怎麼好革命呢？姬發說，我要替我父親報仇。姬發建立周朝以後，伯夷和叔齊不吃周朝的糧食，在首陽山上餓死了。

他們沒有事功嗎？他們的事功是給世人樹立表率！司馬遷寫列傳，第一篇就寫《伯夷叔齊列傳》，寫完之後感慨發問，這麼好的人有這麼悲慘的遭遇，天道在哪裡？所以說，事功包括某些人為人類樹立的典範。今天我們講「立德立功立言」，這三者之間是有聯繫的。事功不只是開疆闢土，否則最厲害的要數秦始皇、漢武帝，可是他們沒有被稱為仁者，反而被評價為暴君，因為他們沒有帶來和平，卻為了自己的功業犧牲了很多人。

【學　生】為公子糾而死的召忽，是不是孔子所說「匹夫匹婦之為諒也，自經於溝瀆而莫之知也」？孔子會這樣評價他嗎？如果管仲後來沒有能夠「九合諸侯，不以兵車」，還算是仁者嗎？

【傅佩榮】召忽只是求自己心之所安，並不一定在乎別人的評價。他跟了公子糾，不管失敗後被殺還是自殺，就如屈原投江，我們不能替他考慮問題。這種情況下，外人看到的是表象，只要當事人有真誠的覺悟，善惡不用對別人負責。孔子再怎麼偉大，所說的都是歷史事實，他並不是上帝。還有，孔子說的是召忽嗎？不是。

召忽的自殺，其實很可惜。他那時很可能正當盛年，而且很有才華，本來可以照顧百姓，卻因為跟錯人而自殺了。如果說他這種情況應該自殺，那麼很多人都算是變節了。

每個人有其「心之所安」。有人選擇活下來造福百姓，有人不願意，就如文天祥。管仲選擇了前者，用自己的才能避免戰爭。他後來重視生活享受，可是別人都沒說話，因為他功勞太大了。如果沒有那些功勞，孔子會認為他不值得評論。歷史上受重用而無功勞的人比比皆是。不過，我們不需要把孔子的個人判斷當做唯一標準，那樣對很多人不公平。

參考每個人的判斷，可以推想他的理由。戊戌變法失敗後，譚嗣同和梁啓超就是各求心之所安。譚嗣同說：「不有行者，無以圖將來；不有死者，無以酬聖主。」（出自《清史稿・卷四百六十四》）所以他犧牲了，梁啓超走了。後來梁啓超辦《新民報》等，做了一番事業。有人認為，如果譚嗣同也逃走了，「二人同心，其利斷金」（《周易・繫辭上》），結果會更好。但是，假如都逃走，誰來彰顯人類社會的某種道義呢？這是很困難的抉擇。譚嗣同認為自己留下來比較好，說不定梁啓超有一大家子人依靠他，需要暫時避避風頭。如果現在問，到底誰更能感受到生命價值呢？很難說，最後一切都要過去的。什麼叫人性呢？人性的意義就在於，雖然生命終結了，但是留下人特有的某些價值，讓後人感覺到生命的尊嚴。

因為知識背景的緣故，有些人喜歡引用生物學或者物理學的資料來探討有關尊嚴的問題，那就只有一個選擇，大家作鳥獸散，先活下來再說。何必要理想呢？但是把中年人的理想拿掉，青年為什麼要繼續努力？這還是人的社會嗎？這種觀念違背人類內在向善或者向上的力量。

或問子產。子曰：「惠人也。」問子西。曰：「彼哉！彼哉！」問管仲。曰：「人也。奪伯氏駢邑三百，飯疏食，沒齒無怨言。」

有人請教孔子如何評價子產，孔子說：「他是照顧百姓的人。」再請教如何評價子西，孔子說：「他就是那樣，他就是那樣。」他不予置評。又請教如何評價管仲，孔子說：「他是行仁的人。他分得伯氏的三百戶駢邑，讓伯氏只能吃粗食，卻終身沒有抱怨他的話。」因為管仲的功勞太大了，每個人都知道管仲了不起。

打仗很可怕，犧牲的都是年輕人啊！年輕人犧牲後一家人都沒有希望了。古時候的很多帝王不管百姓死活，管仲卻通過外交方式避免戰爭，天下人都覺得他太好了。所以，孔子一定要給他公正評價。

孔子和孟子對人的評價與一般人不同。一般人會想，反正戰爭又沒有發生，或者大禹不治水也不見得有水災。要知道真的發生了戰爭和水災，倒楣的是老百姓。

孔子的智慧在於看透人性向善，善是我與別人之間適當關係的實現，這種關係可以擴及天下。孔子的志向是「老者安之，朋友信之，少者懷之」，我們學儒家，要把這句話常記在心中啊！

2. 以直報怨

或曰：「以德報怨，何如？」子曰：「何以報德？以直報怨，以德報德。」

有人說：「以恩惠來回應怨恨，這樣如何？」孔子說：「那麼要以什麼來酬報恩惠呢？應該以正直來回應怨恨，以恩惠來酬報恩惠。」

根據這一章，來對照儒家與道家的異同。我認爲《老子》這本書不是一個人寫的，而是一群隱士共同的心得。《老子》第六十三章講：「大小多少，報怨以德。」這句話流傳太廣了，大家都說「以德報怨」好，說這話的人很高尚，心胸寬大。別人對他不好，他卻對人很好，誰不喜歡碰到這種人呢？恐怕大家都是喜歡別人對自己以德報怨，而自己不必如此。太理想的事，其實是難以實踐的。

儒家不講以德報怨，而講以直報怨。直，表示眞誠而正直。千萬不要以怨報怨，他打你一拳，你踢他一腳，兩個人的道德水平就沒有差別。講以德報德，別人對你好，你也對他好，這對善行是一種鼓勵。

老子爲什麼講「以德報怨」呢？因爲他是道家。「道」代表整體，沒有「德」和「怨」的問題。一個人對你不好，肯定是有他的苦衷，並非是他喜歡這樣做。沒有人願意對你不好，除非他覺得利益不夠，分配不均，才與你發生衝突，使你感覺自己受害。從「道」的整體看，恩恩怨怨說不清楚，連善人與不善的人都沒有必要區分。在老子看來，道不會拋棄任何人，沒有哪個人是不善的；

也不會拋棄任何物，沒有哪件物是不必要的。

3. 知子者天

子曰：「莫我知也夫！」子貢曰：「何為其莫知子也？」子曰：「不怨天，不尤人，下學而上達。知我者其天乎！」

有時候看孔子，覺得這個人眞是滿可憐的。

孔子說：「沒有人了解我啊！」子貢正好在旁邊，就問：「爲什麼沒有人了解老師呢？」言下之意是，老師是不是自己有問題，沒講清楚自己的想法啊？孔子說：「不怨恨天，不責怪人，廣泛學習世間的知識，進而領悟深奧的道理，了解我的，大概只有天吧！」

孔子「五十而知天命」，又說了解他的只有天，與天有這種互知，孔子的修養可見一斑。不過一個人到了只有天了解的地步，多慘啊！說到普通人，大家交換名片互相溝通，坐下來喝半小時的咖啡，就可以大致了解了。孔子有那麼多學生，有的跟他幾十年了，卻沒有一個了解他的。譬如曾參，他曾經認爲老師的道是「忠恕而已矣」，這顯然理解有誤。《論語》中講：「柴也愚，參也魯，師也辟，由也喭。」就算在孔子門下的賢者中，也不見得有人了解他。

兩千多年來有多少人研究儒家，有多少人會背誦《論語》，但是沒有人知道孔子在抱怨什麼。現代學者研究儒家需要謹慎，連孔子的學生都不了解他，何況我們隔了這麼久。

只有一個人了解孔子，堪稱孔子的知音。

子擊磬於衛，有荷蕢（ㄎㄨㄟˋ）而過孔氏之門者，曰：「有心哉，擊磬乎！」既而曰：「鄙哉，硜（ㄎㄥ）硜乎！莫己知也，斯已而已矣。深則厲，淺則揭。」子曰：「果哉！末之難矣。」

孔子留居衛國時，某日正在擊磬，有一個挑著草筐的人從門前經過，說：「磬聲裡面含有深意啊！」停了一下，又說：「聲音硜硜的，太執著了！沒有人了解自己，就放棄算了。所謂『水深的話，穿著衣裳走過去；水淺的話，撩起衣嘗走過去』。」孔子說：「有這種堅決棄世之心，就沒什麼困難了。」

這位「荷簣者」是孔子唯一的知己，不過他是一個隱士。孔子教學生三千人，精通六藝者七十二人，唯一了解他的卻是這位「荷簣者」。毋庸置疑，這個人智商很高，竟能從孔子的磬聲聽出他的抱怨。頗具反諷意味的是，他和孔子「道不同，不相爲謀」，立場不一樣，不跟孔子交流的。

兩章合起來就不是孤證，都說明孔子認爲沒有人了解他。我們讀過《論語》了，就能眞正了解孔子嗎？如果不清楚他的一貫之道，算是了解嗎？假如我們不了解孔子，憑什麼談論儒家呢？讀《論語》要認眞思考，這些不是小問題。

孔子非常遺憾，因爲沒有人了解自己，就如孟子非常委屈，因爲別人說自己好辯。孟子雄辯，可是很多人認爲他只是口才好，並不是講得對。難道他沒有眞正的學問嗎？爲什麼他比別人講得清楚呢？正是因爲他想通了。眞正的哲學家有完整的思想體系，無論別人從哪方面提問，他都能隨時回答，不會自相矛盾。

孔子也一樣，回答問題根本不用準備。學生不了解他，因爲學生只是從他那裡學到一點具體知識，去做官用得上。可悲的是，孔子死後，他的學生分崩離析，分爲八派，各自發揮他的一部分思想，最後七零八落。譬如，在孟子時代有一位大將軍叫吳起，是子夏的學生，但是他哪一點像儒家呢？

‧思辯與問答

【學生甲】吳起有時候勸君王，要行仁政。

【學生乙】還有一次，吳起和魏國國君一起遊覽河山，國君說：山河很險，所以我們魏國很堅固。吳起說，堅固有德不在險。

【傅佩榮】其實這幾句話誰都會說，何況吳起聽過子夏的課。我們應該看吳起的作為。儒家會隨便殺人嗎？可是他說殺就殺，毫不客氣，其實算是兵法家。孔子的學生分為八派，教出的學生七零八落，更不要說荀子教出的法家了！

【學　生】據說吳起也在曾子門下學習過。根據記載，吳起離家之前，和母親兩個人握手臂，說不幹成事業就不回來。後來他在曾子門下學習，他母親死了，他也不回去，曾子很鄙夷他的為人，就把他逐出了師門。

【傅佩榮】所以他又跑到子夏門下去了。孔子的許多學生是老師，開班授徒，其實都沒有學到儒家的真正精神。

譬如子夏，人很聰明，孔子說過「啓予者商也」，能給他啓發的就是子夏啊！可是子夏怎麼教學生呢？在《子張第十九》，孔子公開對子夏說，「女為君子儒，毋為小人儒」，提醒子夏要做一個「君子儒」，不要做一個「小人儒」。什麼是小人儒呢？就是只追求現實利益的人。再如冉求，講到多才多藝，誰能超過他呢？可是孔子要學生「鳴鼓而攻之」，一同批判冉求。

讀古人的書，要了解當時的實際情況，並且把他們當平常人來看。他們和我們一樣，有優點也有缺點，總有一些人性的弱點。

子曰：「予欲無言。」子貢曰：「子如不言，則小子何述焉？」子曰：「天何言哉？四時行焉，百物生焉，天何言哉？」

——〈陽貨第十七〉

孔子說：「我想不再說話了。」子貢說：「老師如果不說話，那麼我們學生要傳述什麼呢？」孔子說：「天說了什麼啊？四季照常在運行，萬物照樣在生長，天說了什麼啊？」

對於天，孔子說「獲罪於天，無所禱也」；顏淵死了，他說「天喪予！天喪予」；他有兩次差點被殺，講「天生德於予，桓魋其如予何」，「天之未喪斯文也，匡人其如予何？」他所謂的天究竟代表什麼？

馮友蘭先生的《中國哲學史》提到，中國古代的天涵蓋五種意義：主宰之天、命運之天、義理之天、自然之天、物質之天。自然之天和物質之天很接近，主宰之天和義理之天也很接近。

讀到這裡我覺得很奇怪，天的五種含義，好像彼此矛盾。請問：義理之天和命運之天怎麼能同列？天既是我義理方面的來源，又是我命運的來源，這不是自相矛盾嗎？義理是講一件事我該不該做，說明我可以選擇；命運是注定的，我不能選擇。再問：自然之天和物質之天類似，爲什麼要區別開？主宰之天和自然之天怎麼相互協調？

我這樣問，是因爲忘記了「史」的時間因素，在歷史過程中「天」的概念會演變發展，從而展示不同的意義。

還有一種說法，中國古代的天有五種意義：主宰之天、造生之天、載行之天、啓示之天、審判之天。主宰之天，指天是主宰；造生之天，萬物由此而來，「生」源於「百物生焉」；載行之天，「行」就源於「四時行焉」。

由此可見孔子的天所具有的性質。沒有人能認識天的本體，這裡講的只是天的五種作用：主宰、造生、載行、啓示、審判。造生、載行針對我們看見的自然世界，啓示、審判針對人類社會的道德規範。人之所以有道德規範，是因爲天的啓示和審判。審判即是賞善罰惡。有關「天」的探討，可參考我寫的《儒道天論發微》（聯經出版公司）。

4. 修己安人

蘧伯玉使人於孔子。孔子與之坐而問焉，曰：「夫子何為？」對曰：「夫子欲寡其過而未能也。」使者出。子曰：「使乎！使乎！」

蘧伯玉是衛國的大夫，是孔子的老朋友。他派人向孔子問候，孔子請來人坐下談話，問他：「蘧先生近來做些什麼？」來人就說：「蘧先生想要減少過錯，卻還沒有辦法做到。」待他離開之後，孔子說：「好一位使者！好一位使者！」

孔子認爲他的話講得好，這也說明人都有很多過錯，都應該努力改善。

〈述而第七〉中「子曰：『加我數年，五十以學《易》，可以無大過矣。』」人生的過失是多麼難以避免啊！可見，人性本善實在不是孔子的思想。

孔子講做人，最難的是什麼？〈憲問第十四〉中「子曰：不逆詐，不億不信，抑亦先覺者，是賢乎！」不懷疑別人將會欺騙，也不猜測別人將會失信，但是又能及早發覺這些狀況，這樣的人眞是傑出啊！我們往往是事後諸葛亮，發覺時已經來不及了。儒家非常重視靈活的智慧。

子路問君子，子曰：「修己以敬。」曰：「如斯而已乎？」曰：「修己以安人。」曰：「如斯而已乎？」曰：「修己以安百姓。修己以安百姓，堯舜其猶病諸。」

子路請教怎樣才是君子。孔子說：「修養自己，以致能夠認眞謹愼地面對一切。」這一章中「以」的用法都一樣，指達到何種結果，而不是「以敬」來「修己」。這是第一階段，「修己以敬」。

子路追問：「這樣就夠了嗎？」孔子說：「修養自己，以致能夠安頓四周的人。」這是第二階段「修己以安人」。

子路又追問：「這樣就夠了嗎？」孔子說：「修養自己以致能夠安頓所有的百姓。堯舜也覺得這是很難做到的事啊！」這是最後「修己以安百姓」。在《論語》中，「人」指四周的人，「百姓」才是天下人。

《論語》兩次提到「堯舜其猶病諸」，都跟「修己以安百姓」有關，講的是帝王與百姓之間的適當關係，連堯舜這樣的聖君，都覺得很難做到，一般百姓更無法安頓自己。這說明孔子不認爲「人性本善」，儒家完全是根據經驗世界的材料來作反省的。

5. 不出其位

子曰：「不在其位，不謀其政。」曾子曰：「君子思不出其位。」

孔子說：「不擔任某一職位，就不去設想那個職位的事務。」曾子說：「君子的思慮以他自己的職位爲範圍。」

・思辯與問答

【學　生】曾子這句話好像有問題。如果人們的思慮限制在自己的職位範圍內，可能有很多問題看不到，也做不好自己的工作。

【傅佩榮】在台灣常常聽到一句話，換了位置就等於換了腦袋。一個人之前當民意代表，到他做官的時候才發現，一切不是那麼簡單。這時他看到的是全方位的複雜問題，他的思考就不一樣了。

有人喜歡說「不在其位，也謀其政」。沒有這個位置，就沒有各種資源，怎麼謀呢？好比一個人想看電腦裡的文件，卻發現文件都是加密的，除非利用駭客得到文件。當一個人做了官，一切自然解密了，他看了才知道，自己以前太天真，只會從單一方向、單一角度來看。所以說「不在其位，不謀其政」，位置不同，職責就不同。

卷六

衛靈公第十五：弘揚人生理想

子曰：「人能弘道，非道弘人。」儒家特色體現於此，是標準的人文主義。別人問傅教授，能不能用一句話介紹儒家的思想？這實在太難回答了，傅教授就引述這句話。

1. 子路其人

在陳絕糧，從者病，莫能興。子路慍見曰：「君子亦有窮乎？」子曰：「君子固窮，小人窮斯濫矣。」

孔子在陳國沒有糧食充飢，跟隨他的人病倒了，沒有辦法起床。子路帶著怒氣來見孔子，說：「君子也有走投無路的時候嗎？」孔子說：「君子走投無路時，仍然堅持原則；換了小人，就胡作非為了。」

《史記．孔子世家》中有一段故事令人傷感。孔子特別引用了《詩經》裡的話：「非兕非虎，率彼曠野。」（《詩．小雅．何草不黃》）他說，不是犀牛，也不是老虎，為什麼在曠野裡跑來跑去呢？他的意思是，我不是犀牛，也不是老虎，卻為什麼帶著你們在曠野裡跑來跑去呢？子路說，是不是你自己有問題，使別人不能接受你的觀點？孔子說，子路簡直莫名其妙，我問他這個問題，他不但不理解我，還說我的道有問題。他再問子貢。子貢說，老師的道很好，不過要降低標準，講得簡單一點，讓別人聽得懂，不然怎麼跟著你去做呢？孔子說，子貢啊，也是心胸不夠高遠。再問顏淵。顏淵說，別人不懂是別人的事，是他們的損失；老師的道是對的就好了。孔子開心極了，說：「顏氏之子！使爾多財，吾為爾宰。」你這個顏氏子弟，如果你發財了，我來替你管家。

孔子的三個學生子路、子貢、顏淵常常一起出現，常常有所比較，而子路老是殿後。

另一次，孔子說，你們三個談談自己的抱負。子路又率先說了，如果一個國家讓我當軍事統帥，我一定打贏戰爭，保衛國家。子貢說，如果一個國家讓我當外交官，就根本不需要戰爭，子路就失業了。顏淵就說，如果一個國家讓我當宰相，大家靠德行來治國，連外交官都不需要了。

《莊子》中講得更有趣。孔子與弟子被圍困在陳蔡之間，好幾天沒有飯吃，只能喝一點菜湯，湯裡一粒米都沒有。大家都餓得受不了，子路與子貢就開始批評了，說，我們的老師難道眞的是君子嗎？罵他的人沒事，要殺他的人也沒事，這樣的人還在那裡彈琴唱歌，實在太無恥了。

他們居然罵老師無恥，顏淵聽到了就進去打報告，老師，子路與子貢在背後罵您無恥。孔子說，讓他們進來。子路和子貢進來後，孔子對他們講了一番道理，說眞正的君子，「古之得道者，窮亦樂，通亦樂，所樂非窮通也。」（出自《莊子・雜篇・讓王第二十八》）。

從這段話可見，莊子很了解孔子，借孔子之口說，今天我的道不能推行，不是我的過失，我還要堅持我的原則，有什麼不對呢？何必在乎是否有機會實現呢？這個時代不需要我，那我沒有辦法。

子路與子貢聽了之後，立刻道歉，這才了解到老師的偉大。

子曰：「道不行，乘桴（ㄈㄨˊ）浮於海。從我者，其由與？」子路聞之喜。子曰：「由也好勇過我，無所取材。」

——〈公冶長第五〉

孔子說：「我的理想沒有機會實行，乾脆乘著木筏到海外去。跟隨我的，大概就是由吧！」子路聽了喜形於色，因爲他非常豪爽，重視道義。他可能想，連顏淵都沒被選上，老師卻要我陪他去，太開心了。但是孔子接著說：「由啊，你愛好勇敢超過了我，但是我沒有地方可以找到適用的木材啊！」意思是，那種可以過海的木筏，是用很特別的木材做的，我找不到。我只是打個比方，跟你談談心裡的感受，是在開玩笑的。

2. 人能弘道

子曰：「人能弘道，非道弘人。」

這一章特別重要，儒家的特色體現於此，是標準的人文主義。別人問我，能不能用一句話介紹儒家的思想？實在太難回答了，我就引述這句話。

孔子說：「人可以弘揚人生理想，而不是靠人生理想來弘揚人。」什麼意思呢？就好比有人講人生的道理，沒聽過的人難道就不能夠好好做一個人嗎？一個人只要真誠，就算沒受過教育，沒聽過孔孟的這些話，照樣可以做一個堂堂正正的人。

從這方面看，陸象山比朱熹更能夠把握孔子的意思。陸象山說「若某則不識一個字，亦須還我堂堂地做個人」（出自《陸九淵集》），就算我沒有受過教育，是個文盲，但是我眞誠，照樣能以眞心做事，有堂堂正正的人格，這叫做「人能弘道」。

3. 朝聞夕死

牟宗三先生是新儒家的重要學者，他曾經在台灣師範大學當講座教授。我的一個學生是比利時人，現在在比利時魯汶大學當系主任，中文名字叫戴卡琳。她在台灣大學讀碩士時聽我的課，也去師大旁聽牟先生的課。有一次她跑來找我，說：老師，牟先生在課堂上批評你（意思好像是能夠被他批評也不容易）。我問他是怎麼批評的，她說，他批評好多人，前面批評方東美，然後就提到傅佩榮。我說，我也算榮幸，和我老師一起被他批評。

一九八〇年我到美國讀書，之前特地去拜訪牟先生，他那時正好在台大當客座教授。他了解我的背景，直接對我說，你不能腳踏兩隻船，信天主教的同時又講儒家。我說，天主教是父母給我的信仰，我覺得沒有什麼錯。我現在對《聖經》那麼熟悉，對西方文化感覺很親切，都是因爲小時候的信仰背景。我又說，儒家是眞正的學問，我生爲中國人，爲什麼不能研究呢？

我講儒家時拿耶穌作對照，是因爲全世界有二十多億人信仰耶穌，信仰天主教、東正教、新教。要研究中國文化，當然要對照全世界三分之一的人的信仰，如果不具備這種基礎知識，怎麼知道西方人在想什麼呢？難道說西方人都只有表面生活嗎？他們也有內在的深刻信仰，想了解就看《新約》。

譬如，在顏淵死的時候，孔子認爲自己的傳統或道統恐怕會失傳，所以說「天喪予」。耶穌臨死前在十字架上說：「我的父啊，你爲什麼捨棄了我？」這兩點爲什麼不能對照呢？「朝聞道，夕死可矣」，也可以用耶穌的故事來說明，用佛教來比照也沒有問題，如「放下屠刀，立地成佛」。

朱熹不算懂得孔子。學生問他，孔子說早上聽懂了道，晚上死了也無妨，難道孔子不認爲應該多活一段時間，好好實踐道，然後再死嗎？朱熹說，對啊，能夠多活最好多活，可以實踐道。

但是孔子所言朝與夕，就是一天之內很短的時間。實踐一種道要靠時機的。行善不是隨時都有機會，一定要別人有困難了你才能行善，而眞誠隨時都有機會。譬如，現在經濟繁榮，大家都過得很快樂，一個月也做不了一件好事；以前很窮困，每天都有機會做好事。請問：要做多少好事才算夠呢？一個人行多少善事才能稱為善人呢？沒有答案。因為這是有關量的問題。

孔子是在探討質的問題。一個人怎樣才能成為善人？只要他的心轉對了方向，向善，只要眞誠，生命就有了光明；沒有轉對方向，生命在黑暗裡打轉。「朝聞道」是指生命轉對了方向，「夕死可矣」，做善事的多與少並不重要。不懂得這個道理，何必談儒家的人性論呢？

對「死亡」這個概念要特別小心，生死是人生大事。「殺身成仁」怎麼講？殺身之後這個人明明死了，為什麼還能「成仁」呢？不是什麼都沒有了嗎？因為人性向善，他完成了對善的要求。

4. 殺身成仁

子曰：「志士仁人，無求生以害仁，有殺身以成仁。」

孔子說：「有志者與行仁者，不會為了活命而背棄人生理想，卻肯犧牲生命來成全人生理想。」

「殺身成仁」的「身」指身體，孟子的「舍生取義」的「生」是生命。學習國學，要注意分辨細微區別。

孔子爲什麼用「成」字？**「仁」包括三個層次：人之性、人之道、人之成**。如果人性不是向善，人們怎麼會爲了仁義而犧牲生命呢？因爲人性向善，爲了善而犧牲生命是一種完成，而不是一種損失。而孟子說「舍生取義」，明明犧牲了生命居然說「取」義。由此可見，孔孟的內心想的是什麼。

・思辯與問答

【學　生】當仁和生存發生衝突的時候，儒家對兩者孰輕孰重有沒有判斷？比如被孔子稱為仁者的比干，因為直言進諫被紂王剖心，成為仁者，可是他為什麼不採取「危邦不入，亂邦不居」的方式，等待好的統治者到來，比如周武王？

【傅佩榮】《論語》中有一段話：「子曰：『民之於仁也，甚於水火。水火，吾見蹈而死者矣，未見蹈仁而死者也。』」（出自《論語・衛靈公第十五》）第二次提到為實踐仁而犧牲生命。

同樣是行仁，每個人根據自己的情況考慮怎樣做。一般認為紂王有兩個叔叔，一個是比干，一個是箕子。兩個人各有各的方法：箕子佯狂，裝瘋賣傻，被關起來；比干卻一再進諫，最後被剖心而死。

後來箕子很有貢獻。《尚書・洪範篇》說周武王打敗了商朝，請教箕子如何治理國家。因為商朝治理天下將近六百年，而周武王開始只是西岐的諸侯，比較落後。箕子是商朝王室，商朝滅亡了，他不忍心講商朝怎麼治理，就說從前大禹治理洪水，上天就給大禹《洪範九疇》——他講到夏朝的開始，這是多麼高的智慧。因為自己是亡國之臣，不好意思說我們國家的治理，就講夏朝的治理。他從五行五事一路講下去。所以說，箕子活下來有他的重要價值。再後來箕子作出一個錯誤選擇，逃到朝鮮去了，現在朝鮮還有箕子墓、箕子廟，朝鮮人很喜歡講儒家是箕子創立的，孔子是箕子的傳人，給自己的民族增添很多幻想。

在《論語・微子第十八》，開頭就講：「微子去之，箕子為之奴，比干諫而死。孔子曰：『殷有三仁焉。』」殺身成仁只是行仁的一個簡單方法，其實各人以自己的方式，求心之所安而已。

5. 曰「如之何」

子曰：「不曰『如之何如之何』者，吾末如之何也已矣。」

孔子說：「（一個人）不想想『怎麼辦、怎麼辦』的，對這種人，我也不知道怎麼辦了。」

・思辯與問答

【學　生】如果有人一直說「怎麼辦、怎麼辦」，那麼做事的人恐怕也不知道怎麼辦了。

【傅佩榮】孔子是強調行為上的方法，並不是說做具體事情的方法。修車、寫筆記都有方法可循，但是所謂「怎麼辦」，是指行為怎麼做才是對的。孔子對於行為之外的方法興趣不大。

一個人選擇真誠，開始自我反省，才有可能接受別人的建議。老師希望學生提問題，不然講解對學生沒有針對性。「不憤不啓，不悱不發，舉一隅，不以三隅反，則不復也。」（出自《論語・述而第七》）有兩種不同的情況：「憤」指想懂而懂不了，人都生氣了；「悱」指想說而說不出，臉都漲紅了。這個時候老師來啓發，效果才好。啓發式教育是有條件的，學生自暴自棄了，再好的老師也沒辦法，他根本不想聽啊。

卷七

季氏第十六：快樂的藝術

孔子講自己的快樂觀：

第一，能夠以禮樂調節生命；

第二，樂於稱讚別人的優點；

第三，樂於結交很多傑出的朋友。

1. 損益三樂

孔子曰：「益者三樂，損者三樂。樂節禮樂，樂道人之善，樂多賢友，益矣。樂驕樂，樂佚遊，樂晏樂，損矣。」

孔子講了自己的快樂觀。

先說有益的三種快樂。第一爲「樂節禮樂」，「禮」代表分，「樂」代表和，**能夠以禮樂調節生命，以此爲樂是有益的。**第二爲「**樂道人之善**」，**樂於稱讚別人的優點**。我還做不到這一點，會在背後批評別人，不過大都是學術批評，盡量不涉及人格等方面。**第三爲「樂多賢友」**，**樂於結交很多傑出的朋友**。這三種快樂都不脫離人與人的關係，幫助我們實現人性的要求，所以有益。

後三種快樂也是人際關係：以驕傲自滿爲樂，以縱情遊蕩爲樂，以飲食歡聚爲樂。這三種快樂是有害的，讓人沉湎於物質享受，陷入以自我爲中心的陷阱裡。

2. 三戒三畏

孔子曰：「君子有三戒：少之時，血氣未定，戒之在色；及其壯也，血氣方剛，戒之在鬥；及其老也，血氣既衰，戒之在得。」

有身體就有血氣，所謂血氣，涵蓋了本能、衝動、欲望。

孔子說：「要想成爲君子，有三件事情應該警惕戒備：年輕的時候，血氣未定，便要警戒，莫迷戀女色；等到中年時，血氣正旺盛，便要警戒，莫好勝喜鬥；等到年老了，血氣已經衰弱，便要警戒，莫貪求無厭。」

爲什麼說孔子的思想好？因爲孔子從不逃避問題，不會爲了講人性怎麼好，就空想出一個烏托邦。他講的是眞正的人。人在生命的三個階段都要有所警惕，不可粗心大意，否則人生很容易陷落。他分別針對好色、好鬥、好得來講。孔子很客氣了，分三個階段來講這三種毛病，其實大多數人同一個階段就有這三種毛病。

歷史上只有一個齊宣王，敢於公開對哲學家孟子說「寡人有疾」，使我非常佩服。人不怕有錯，就怕不承認自己有錯。齊國是萬乘之國，最強的幾國之一，齊宣王以帝王之尊居然對孟子說自己有病。孟子讓他學會推己及人。你好色嗎？那就讓天下人都可以滿足這方面的本能欲望。你好貨嗎？那就讓天下人都發財。你好勇嗎？那就不要小勇，讓你的大勇來安定天下。

孔子曰：「君子有三畏：畏天命，畏大人，畏聖人之言。小人不知天命而不畏也，狎大人，侮聖人之言。」

孔子說：「君子敬畏的有三件事：敬畏天命，敬畏王公大人，敬畏聖人的言語。小人不懂得天命，因而不敬畏它；輕狎王公大人，輕侮聖人的言語。」

君子的「三畏」，**第一是敬畏天命**。「知天命」之後要「敬畏天命」，然後實踐天命，這叫順天命。「六十而順」就是順「五十而知」的天命。

第二是敬畏大人。很多人奇怪，孔子爲什麼說「敬畏大人」呢？孟子「說大人則藐之」，好像比孔子更自負。要知道，學者說話有時只是一種表現方式，不要說別人太自負，要問別人有沒有道理。好比在亂世中你不大聲一點，沒有人會在意。

「孟子曰：『說大人，則藐之，勿視其巍巍然。堂高數仞，榱題數尺，我得志，弗爲也。食前方丈，侍妾數百人，我得志，弗爲也。般樂飲酒，驅騁田獵，後車千乘，我得志，弗爲也。在彼者，皆我所不爲也；在我者，皆古之制也。吾何畏彼哉！』」（出自《孟子・盡心下》）

孟子說：我向大人進言，要把他看輕，而不看他高高在上的樣子，因爲我得志時與他得志時做法不一樣。他得志了，住的是高樓大廈，吃的是山珍海味，打獵時後面跟著幾千輛車子，這種外在的排場我不屑於做，要做的是合乎古代制度的要求。

孔子不同，他要敬畏大人。大人即政治領袖，我敬畏大人，大人就會敬畏他自己。可見，孔子比孟子更懂得心理學的層次。通常我們尊敬一個人，這個人就會尊敬自己。反之，假如一位領導人經常挨罵，他很可能自暴自棄，覺得自己做得好也沒用，乾脆拚命貪錢，因爲人確實是很脆弱的。譬如很多大官在立法院挨罵了，立法委員罵人像罵兒子一樣，讓官員覺得再努力做也沒用，反正要挨在野黨的罵。官員會自暴自棄，回到自己的職位上作威作福，認爲在那邊心理受到傷害，就在這邊補償。孔子很了不起，主張敬畏大人，大人就會珍惜自己，好好為百姓服務。

最後孔子還要敬畏聖人之言。聖人之言代表古代聖賢留下來的珍貴心得。

・思辯與問答

【學　生】我覺得根據現實情況，我們「敬畏大人」，他不一定更加自我尊重，可能更加放肆，因為他得不到提醒。

【傅佩榮】他難道沒有上級長官嗎？

【學　生】如果是最高的長官呢？

【傅佩榮】我們敬畏最高的長官，應該會使他有責任感。譬如人們對總理的評價很好，他隨口一說，馬可・奧里略（Marcus Aurelius）的《沉思錄》一年就賣了上百萬本。其實讀哲學的人知道，馬可・奧里略是二流以下的哲學家，是一位羅馬皇帝。他自己說，皇帝當了二十年，一點成就都沒有，一天到晚打仗，兒子也沒有教好，所以寫了一本《沉思錄》。

馬可・奧里略屬於斯多亞學派。羅馬時代，先後有一個皇帝、一個大臣

（塞內卡）、一個奴隸（埃比克泰特），三個人都是同一學派的代表。可見在哲學學派中，只看一個人思想夠不夠，並沒有什麼身分的差別。這位羅馬皇帝符合柏拉圖的期待，即「不能讓哲學家做皇帝，就要讓皇帝學哲學」，他是西方歷史上唯一做皇帝的哲學家。但是他哲學家沒有做好，皇帝也沒有當好，因為搞政治太辛苦了。《沉思錄》這本書基本上反映了他那個學派的思想，宗旨是按照理性來生活，理性符合宇宙的法則，人、理性、宇宙、生命，展開成為一個系統。書中多次談到靈魂，即內在生命的一種安頓，要看透許多事情。皇帝當然可以看破名利，我當皇帝我也能看破，但是一般人不容易看破。

看一位哲學家，要知道他的來龍去脈，他屬於什麼學派。在西方，斯多亞學派是具有高貴情操的，美國很多知識份子都認為自己是斯多亞學派。因為有理性、宇宙法則這兩個詞就夠了。我按照理性的原則生活，情感很穩定，情商很高；至於宇宙法則，代表我的生命與宇宙規則配合，生命就有開闊的局面，聽起來也是高貴的。

當時與斯多亞學派相反的，是享樂主義的伊壁鳩魯派，有段時間比前者還有吸引力。伊壁鳩魯派不是一般的享樂主義，而是適度節制欲望。比如有的享樂主義者，有機會就拚命吃飯，吃完肚子痛，就根本談不上享樂了。伊壁鳩魯派的享樂是一種適度的節制，需要理性的判斷。作為哲學家來思考，真正的享樂要有一個衡量標準，不能有痛苦以及後遺症。

當時有四派哲學，最有趣的是懷疑主義。懷疑主義者講，我看到的東西是真的嗎？要懷疑！我聽到的事情是真的嗎？要懷疑！什麼都要懷疑。那一派的代表人物皮羅能活到九十歲，很不容易，全靠他身邊幾個非常好的學生。如果一輛車駛過來，他懷疑，它真的是車嗎？一頭牛衝過來，這真的是牛嗎？學生立刻把他救走，他才倖免於難。

「子曰：『性相近也，習相遠也。』」（出自《論語·陽貨第十七》）看朱熹的注解，有兩點很明白：第一，朱熹認爲孔子說得不清楚，這個「性」字包括氣質在內，這種性說得不夠純粹；第二點，他引用程頤的話，「若言其本，則性即是理，理無不善，孟子之言『性善』是也，何『相近』之有哉？」孔子說「性相近」，程頤反駁說「何『相近』之有哉」，口氣比教訓學生還要嚴厲。程頤活在宋代，距離孔子超過一千五百年，程頤和朱熹注解孔子的話，居然說孔子講得不清楚，可以這樣做嗎？

很多人把康德與儒家，尤其是孟子加以比較，這是要不得的。因為孟子生活在公元前四世紀的戰國時代中期，康德主要生活在十八世紀後期，怎麼好比較呢？最重要的是，孟子認為人是身心合一的，身為小體，心為大體，大體作指導，小體來實踐。譬如，我有了惻隱之心，覺得一個人值得幫助，然後才會出手相助；當我高興的時候，自然會「手之舞之，足之蹈之」。

康德是標準的唯心論者。在西方從笛卡兒開始，有唯心論和唯物論的區分。康德有兩句話：我的身體屬於自然界，自然的就是必然的，按照規則進行；我的心屬於自由界，是我的理性真正要掌握的部分，這才存在道德的問題。在康德的觀念中，身心是完全分裂的。

康德還說，如果行善，就絕不能感覺到快樂，否則可能會為了快樂而行善，而不再是純粹的善了。康德有高度理想的義務論，做一件事只因為應該做，不為任何其他理由，否則就會被視為效益主義。這個立場實在嚴格，如果有人為了快樂而做好事，就夠不上康德的標準了。

康德的思想很了不起，但是不應該與儒家思想混淆，因為中國古代絕對沒有身心分裂的觀念。講身心分開，講唯心唯物，從西方的笛卡兒開始。他說「我思故我在」，這是唯心論。到了康德那裡，眞正的唯心論是「我所認識的世界是被我認識的世界，不等於世界本身」，這是標準的說法。他認爲，作爲一個人，有自己的認知結構，符合這個結構的事物才能被認識，不符合就很抱歉了。譬如聽聲音，有一個閾限，音調太高或太低的聽不到；看顏色，紅外線和紫外線是看不到的，對我們而言等於不存在。這叫做唯心論，而不是說人能創造外物，不是佛教的「萬法唯心所造」。

如果把中國古代的哲學家講成唯心論者，未免太勉強了。

卷八

陽貨第十七：孝順以求心安

孔子講「三年之喪」是倫理規範，其基礎在於心理情感。一個小孩子出生以後長到三歲，生理上需要父母照顧，心理上與父母互相依賴，才有深刻情感，因而才會孝順。

三年之喪

宰我問：「三年之喪，期已久也。君子三年不為禮，禮必壞；三年不為樂，樂必崩。舊穀既沒，新穀既升，鑽燧改火，期可已矣。」子曰：「食夫稻，衣夫錦，於女安乎？」曰：「安。」「女安，則為之！夫君子之居喪，食旨不甘，聞樂不樂，居處不安，故不為也。今女安，則為之！」宰我出。子曰：「予之不仁也！子生三年，然後免於父母之懷。夫三年之喪，天下之通喪也，予也有三年之愛於其父母乎！」

這是《論語》中最精采的一章。我認爲，要理解儒家，就要從〈陽貨第十七〉此章開始。

宰我請教道：「爲父母守喪三年，時間未免太長了。君子三年不舉行禮儀，禮儀一定會荒廢；三年不演奏音樂，音樂一定會散亂。舊穀吃完，新穀也已收成；打火的燧木輪換用了一次。所以守喪一年就可以了。」講得多好啊！由人文世界開始論證，他認爲三年不去操作禮樂，時間太長，會造成禮壞樂崩。然後又參照自然世界，萬物以一年爲週期，舊的稻米吃完了，新的稻米長出來了；古時候沒有瓦斯爐，需要鑽木取火，根據季節使用五種木頭，一年輪換一次。以上兩者結合，一年是公分母，所以宰我認爲，守孝一年就夠了。

宰我認爲守喪一年就夠了，並作了很有力的論證。孔子那麼聰明，知道很難討論宰我的證據。他有沒有做過調查或實驗呢？三年眞的會禮壞樂崩嗎？說不定四年才會，或者一年就禮壞樂崩了；說稻米一年收成一次，只是在魯國，而台灣一年要收穫三次。這種相對性沒什麼好辯論的。

「三年之喪」是倫理規範，基礎在於是否心安。倫理是因爲內心需求而設置的外在規範，本身並不重要。正如「繪事後素」（出自《論語・八佾第三》），禮是後加於人身的，這種倫理規範的目的，是讓人心靈和情感的要求有適當的表達。

所以孔子立刻轉移方向，這也是他的教學策略之一。他說：「守喪未滿三年，就吃白米飯，穿錦緞衣，你心裡覺得安不安呢？」他從倫理規範推本溯源，深入心理層面，找到心裡的安與不安作爲根據。這是讓人作一種自由心證，主觀判斷。

宰我這個學生竟然直接回答：「安。」糟糕！孔子的教學又失敗了。宰我顯然是爲了辯論取勝，老師問心安不安，就回答「安」。誰怕誰？反正就是不吃你這一套！如果他的父母聽到，一定很難過。

孔子說：「你心安就去做吧！君子在守喪時，吃美食不辨滋味，聽音樂不感快樂，住在家裡不覺舒適，所以不會那麼做。你既然心安，就去做吧！」孔子重複說「女安，則爲之」，表示他很生氣。宰我一看老師生氣了，立刻離開了房間。古時候的學生和老師都很直接，孔子教不下去了，立刻逃出教室，學生聽不下去，也立刻跑出教室。

接著孔子就在背後罵學生了，這也是老師的特色。宰我已經離開教室了，他繼續說：「宰我沒有眞誠的情感呀！一個孩子生下來，三年以後才能離開父母的懷抱。」

「子生三年，然後免於父母之懷。」這是我最爲感動的段落之一。孔子是男人，他的孩子肯定是夫人來撫養，他居然注意到小孩三歲才離開父母懷抱。他的哲學是建立在觀察和經驗上的。

這一段很精采！孔子講「三年之喪」是倫理規範，其基礎在於心理情感，心理情感的基礎是生理需求。人爲什麼會產生心理情感？一個小孩子出生以後長到三歲，在生理上需要父母照顧，在心理上與父母互相依賴，才有深刻的情感，因而才會孝順。再後來，又有了外在的倫理規範，使情感可以適當表達。

以現在大家喜歡的生物學方式來舉個例子。搖籃裡的嬰兒每天看到兩張臉，只知道一張叫做爸爸，另一張叫做媽媽。他很快就發現：如果這兩張臉快樂，自己的幸福就有保障，要什麼有什麼；如果這兩張臉生氣，自己就慘了。這是小孩子的本能。小孩子在成長的過程中，總是設法讓這兩張臉快樂，所以希望孝順父母，也是希望對自己有利，這即是孝心。孝心是很神聖的嗎？其實孝心可以和生物本能結合。從小孩的經驗出發，我們現在回家看到父母笑，還是覺得要什麼有什麼。每個人都一樣，沒有什麼不對。我們由父母撫養三年，懷抱三年，與父母有直接的情感互動，父母快樂，我們就快樂。

孩子長大了，關鍵看他是否還記得這些，叫做心安與不安。爲什麼有的人心不安呢？因爲他眞誠。有的人心不會不安，因爲他不眞誠。父母說，我們在家裡很想念你，你說，哎呀！何必想念呢？你們相依爲命好了。因爲你不眞誠。你一眞誠，就覺得父母想念我，我更想念父母。這才是儒家思想，才是人性的正常表現。

孔子說，恐怕宰我沒有被父母愛過三年吧？每個人情況不同，有的人生下來是孤兒，長大後忽然認了親生的父母，想讓他孝順是很難的，感情不可勉強。如果這個人是養父母養大的，他應該孝順誰呢？毋庸置疑，當然是養父母。親生父母只不過給他肉體生命，而養父母一直辛苦地把他養大，如果他只對自己的生理特性負責，孝順親生父母，那就不成其爲人，社會也不是人的世界了。

有關孝順的行爲，外在規定叫做倫理，孔子從倫理推回到心理，從心理推回到生理，人的生命是一個連續的過程，沒有「本善本惡」的問題，是否眞誠才是關鍵。

卷九

微子第十八：從政的智慧

善只能在人與人之間實現，如果人隱居起來，與飛禽走獸在一起，過的就不是人的生活，只是一種生物的生活。

舌撻隱者

〈微子第十八〉好幾章是講孔子與一些隱士的互動。請注意儒家與這些隱士的區別之處。

長沮、桀溺耦而耕，孔子過之，使子路問津焉。長沮曰：「夫執輿者為誰？」子路曰：「為孔丘。」曰：「是魯孔丘與？」曰：「是也。」曰：「是知津矣。」問於桀溺。桀溺曰：「子為誰？」曰：「為仲由。」曰：「是魯孔丘之徒與？」對曰：「然。」曰：「滔滔者天下皆是也，而誰以易之？且而與其從避人之士也，豈若從避世之士哉？」耰而不輟。子路行以告。夫子憮然曰：「鳥獸不可與同群，吾非斯人之徒與而誰與？天下有道，丘不與易也。」

長沮、桀溺是隱居的人，避開了戰亂、稅收等各種問題，自己在郊外耕田為生，安安心心地過日子。孔子帶學生們周遊列國，渡河時找不到渡口，就叫子路去問那兩個耕田的老人家。老人家一定經常關心新聞，因為孔子身高一百九十二公分，他們看到這人非常魁梧，知道是孔子。長沮問子路：「那個手拉韁繩的人是誰？」挺奇怪的，人家問他們渡口在哪裡，他們反問來人是誰。子路回答，是孔丘。長沮認爲孔子「知津」，知道人生何去何從。

桀溺說：「像大水氾濫的情況，到處都是一樣，你要同誰去改變呢？你與其追隨逃避壞人的人，何不跟著逃避社會的人呢？」說完，他們繼續勞作。

「夫子憮然曰：『鳥獸不可與同群！吾非斯人之徒與而誰與？天下有道，丘不與易也。』」這是《論語》裡面孔子最難過的表現之一。憮然，即神情黯然。孔子很少神情黯然，但有時候會難過。孔子又遇到了「道不同，不相爲謀」者，說「我們沒有辦法與飛禽走獸一起生活，如果不與人群相處又要同誰相處呢？天下政治若是上軌道，我就不會帶你們去試圖改變了。」

這代表了儒家的基本立場，是標準的人文主義。善只能在人與人之間實現，如果人隱居起來，與飛禽走獸在一起，過的就不是人的生活，只是一種生物的生活。

子路從而後，遇丈人，以杖荷蓧。子路問曰：「子見夫子乎？」丈人曰：

「四體不勤，五穀不分。孰為夫子？」植其杖而芸。子路拱而立。止子路宿，殺雞為黍而食之，見其二子焉。明日，子路行以告。子曰：「隱者也。」使子路反見之。至，則行矣。子路曰：「不仕無義。長幼之節，不可廢也；君臣之義，如之何其廢之？欲潔其身，而亂大倫。君子之仕也，行其義也。道之不行，已知之矣。」

這段話說明，儒家一定具有勝過隱士的條件——注意，這裡不是說道家，這些隱士不見得代表道家。

「荷蓧丈人」本身有一個敗筆。子路找不到老師的車隊，看到一位老人家用木棍挑著除草的工具，就過去問：「您見到我的老師了嗎？」老人家說得好：「你這個人，四肢不勞動，五穀也分不清，我怎麼知道你的老師是誰？」說完就放下木棍去除草。子路拱著手站在一邊。我們讀書人「四體不勤，五穀不分」，但是很有禮貌，這樣就有飯吃了。老人家見他很守規矩，又確實迷路了，就請他回家，還殺了隻雞給他吃。

接著敗筆出現。「見其二子焉」，老人家又叫兩個兒子出來相見。子路年紀大些，老人家的兩個兒子年紀輕，長幼有序，相見之下，他們管子路叫「叔叔」。這就埋下了敗筆。後來孔子評論道：「長幼之節，不可廢也。」

但是子路口才不好，不知道該怎麼說。後來也趕上了老師的車隊，向老師報告所見所聞，老師就讓他回去再見老人家，子路回去後就說了一段話。人們對此有爭論：這段話是子路說的，還是孔子教他說的？毋庸置疑，當然是孔子教子路說的。如果這是子路自己要說的話，前一天就會說了。

子路回到那兒時，老人家根本不在場。他就對空氣發表宣言，也對老人家的孩子說：「不從政是不應該的。長幼間的禮節都不能廢棄，君臣之間的道義又怎麼能廢棄呢？原本想要潔身自愛，結果卻敗壞了更重要的倫常關係。」你既然隱居起來，連君臣之義都不要了，爲什麼又在意長幼之序呢？「君子出來從政，是做合乎道義的事。至於政治理想無法實現，這是我們早已知道的啊。」

這些當然是孔子的意思。所謂「道之不行，已知之矣」，子路還沒有這樣的見解。子路總覺得跟著孔子可以實現理想，最後才會在衛國不幸被殺。

・思辯與問答

【學　生】這段話是不是與「危邦不入，亂邦不居」（出自《論語・泰伯第八》）相互矛盾呢？如果不合於時勢，我們最好修身以待時機，這是天命。如果孔子明知道「道之不行，已知之矣」，卻堅持君子一定要出仕，這不是矛盾嗎？

【傅佩榮】「危邦不入，亂邦不居」，這話沒錯。孔子一直在尋找不危不亂之邦，所以周遊列國，如果找到不危不亂的國家，就可以做官了，兩者沒有直接矛盾。

【學　生】「四體不勤，五穀不分，孰為夫子」這句話，就文本來講至少有三種解讀方式。一種是，子路這人四體不勤，五穀不分，我怎麼知道誰是你的老師；一種是說，你的老師四體不勤，五穀不分，不配稱為夫子；第三種是，我們這兩個老頭兒四體不勤，五穀不分，我又怎麼知道誰是夫子啊？

【傅佩榮】第三種肯定不對，隱者就是專門搞「四體勤，五穀分」。第二種也不對，講話轉彎了。比較可能的是第一種。因為他跟子路說話，不大可能指著老師說事，而且未必知道老師「四體不勤，五穀不分」。子路穿著儒者的服裝，隨身佩帶一把劍，一看就不是耕田的，只知道吃飯，卻不知道飯是怎麼來的。

【學　生】子路說，不從政是不應該的，連長幼間的禮節都不能廢棄，君臣間的道義又怎麼能廢棄呢？我卻認為長幼間的禮節不能廢棄，其實有一種「窮則獨善其身」的味道，就是說他沒辦法實現君臣間的道義，就只能實現最基本的長幼之序了。

【傅佩榮】這種想法可以考慮，不過還可以參考《莊子》。莊子很喜歡借孔子之口來說話。他說，「天下有大戒二」（出自《莊子·內篇·人間世第四》）。天下有兩大戒律。第一是命，即子女思念和愛護父母，這是沒辦法的，只要生而為人，一定希望孝順父母。第二是義，任何地方都有國君，「無所逃於天地之間」。因為如果沒有國君，有盜賊來誰會幫我們的忙呢？如果我們不交稅，國家拿什麼搞整體建設呢？譬如，耕田總需要水，萬一沒有了水源，由誰來修築水壩蓄水呢？人是群居動物，因為單獨的個人不可能生存下來。所以說，這些老人家並不是「窮則獨善其身」，他們就是以隱居為一種考量。

還有一個問題：隱居的人怎麼教他的孩子呢？沒辦法回答。隱居者是一個成年人，自己知道為什麼要隱居，但是對於小孩子，他們從小就不學習禮樂規範嗎？要不要孝順父母呢？

【學　生】如果是像桃花源那樣的群體隱居呢？

【傅佩榮】從根本上說，桃花源是「不知有漢，無論魏晉」的烏托邦。當然了，中國這麼大，說不定真的有個桃花源，人們在那裡過著清淨自在的日子。但是，桃花源裡就沒有人際關係，沒有基本教育嗎？肯定有，只是沒有這麼複雜。

【學　生】長幼間的禮節不能廢棄，君臣間的禮節更不能廢棄，這麼說，是不是指後者比前者更為重要？

【傅佩榮】這是大格局與小範圍的問題。古時候，如果沒有維護長幼之間的禮節，但是維護了君臣之義，至少國家還能維持。但是如果只在意長幼的禮節，忽略君臣之義，國君沒有了，國家也就滅亡了，也就沒有家了。

【學　生】這麼說，儒家對待孝和對待國家的態度，不同時候也不一樣，因為儒家經常講孝是最重要的。

【傅佩榮】長幼禮節屬於悌，與孝隔了一層。譬如，子路遇到年長的陌生人，作為晚輩要有禮貌，這是長幼禮節。如果比較孝和忠，儒家當然是以孝為主要的德行。

卷十

子張第十九：每十年就有成長

孔子爲什麼這麼努力呢？因爲人性向善。只要是一個眞誠的人，他的「向善」就產生力量，促使他提升到更高層次，去照顧更多的人。

萬仞宮牆

叔孫武叔語大夫於朝曰：「子貢賢於仲尼。」子服景伯以告子貢。子貢曰：「譬之宮牆，賜之牆也及肩，窺見室家之好。夫子之牆數仞，不得其門而入，不見宗廟之美，百官之富。得其門者或寡矣。夫子之云，不亦宜乎！」

〈子張〉這一篇都是孔子學生的講話，值得注意的是子貢稱讚孔子。孔子過世以後，子貢對魯國功勞很大，做了大官，有人就拍他馬屁，說你比你的老師要好。如果孔子在，子貢聽了這種話都會昏倒。沒辦法，孔子已經過世了，不認識他的人就出言不遜。

在子貢心目中，孔子絕不是一般人。連宰我都公開講，堯舜比不上孔子。在孔子去世以後，學生們才發現，這樣的人眞是不容易。一般人看，孔子的生平很淒慘，三歲時父親過世，十七歲時母親過世，後來也結了婚，同父異母的哥哥也過世了，六十七歲時妻子過世，七十歲時兒子過世，有人會說他剋父剋母剋妻剋子，還剋同父異母的哥哥。

命運無可選擇，重要的是，在這個過程中能不能成就自己。我們發現，越是命途多舛，孔子的生命越是精采，這種人格特質讓學生們特別敬佩。「望之儼然，即之也溫，聽其言也厲。」（《論語・子張第十九》）遠遠看他是很莊重的樣子，接近他是很溫和的樣子，聽他說話是很嚴肅的，絕不會亂講話。「子溫而厲，威而不猛，恭而安」（出自《論語・述而第七》），孔子情商很高，溫和而嚴厲，威嚴而不凶猛，恭敬而安定。這是講孔子的一種人格修養。在孔子過世後，學生們越想越是崇敬，尤其是子貢，據《孟子》記載，他為孔子守喪兩個三年，整整五十個月，每天都守在墳墓邊，也不上班了。在曲阜，我看到孔子的墳墓邊有一座小平房，前面豎一座石碑，叫做「子貢廬墓處」。站在石碑邊，我感觸很深。孔子生前的成就其實有限，尤其是過世前十幾年周遊列國時期，跟著他的學生都吃了很多苦，可是在老師過世後，學生在內心裡佩服他、崇拜他，覺得他太偉大了。

司馬遷看到子貢的表現，忍不住也去了孔子的墳邊，繞了幾圈，感慨這樣的人真了不起。「自天子王侯，中國言六藝者折中於夫子，可謂至聖矣！」（《史記・孔子世家》）歷代也有很多賢明的帝王，連堯、舜、禹、湯、文、武、周公都不能和孔子相比。作爲一個老百姓，對古代的經典，孔子刪削修訂，流傳下來成爲歷代讀書人的教材，建立起整體的價值觀，也就是儒家的思想系統。孔子眞是「其生也榮，其死也哀」。作爲史學家司馬遷的評論有獨到見解。

孟子這個人口氣很大，說「當今之世，舍我其誰」（出自《孟子・公孫丑下》），但是談到孔子，他用了五個字——「心悅而誠服」（出自《孟子・公孫丑上》），表示衷心的佩服。

孔子這個人，讓最平凡的生命，活出最不平凡的人生。讀過《論語》，我們知道，孔子回答弟子時，不單是因材施教，還能循循善誘。顏淵說「夫子循循然善誘人，博我以文，約我以禮，欲罷不能。」（出自《論語・子罕第九》）孔子對學生說，我不是生下來就有知識的，只是「好古，敏以求之者也」（出自《論語・述而第七》）。喜歡古代的知識，快速地去學習，改造自己的生命達到完美程度。他認爲，這些大家都可以做到。孔子的學生常常說，我能做到嗎？「雖不能至，然心嚮往之。」（出自《史記・孔子世家》）孟子說「乃所願，則學孔子也。」（《孟子・公孫丑上》），不學其他人，就希望學孔子。

到曲阜去，在城牆的正南門處，映入眼簾的是「萬仞宮牆」四個字。我一般不喜歡太誇張的話。子貢只是說「數仞」，兩三丈高，後人認爲那算不了什麼，就直接寫成「萬仞」，其實萬仞宮牆是連鳥都飛不進去的。人死之後，一旦受到某種禮遇，就被肆意誇張。

子貢很實在，他說：「以房屋的圍牆作比喻吧。我家的牆只有肩膀這麼高，別人可以看到家裡擺設的美好。老師家的圍牆卻有幾丈高，如果找不到大門進去，就看不到裡面宗廟的宏偉壯觀與連綿房舍的多采多姿。能夠找到大門的人或許很少吧。」意思是，我有什麼本事你可以知道，而我老師的本事不是你可以判斷的。

這樣的孔子，能說他是喪家狗嗎？何忍如此說？憑什麼如此說？這個世界本就不是哪一個人的家，哪一個人不是過客呢？又有誰比孔子的精神更豐富，更精美呢？

有學者講孔子，只是根據外在資料去研究，彷彿把孔子當做一般人。那樣能看透他嗎？孔子說，沒有人了解我，但是他的學生子貢也知道，孔子的思想展現出來是多麼恢弘的場面，可稱做「宗廟之美，百官之富」。從行爲到言語，子貢眞是不錯的。

叔孫武叔毀仲尼。子貢曰：「無以為也！仲尼不可毀也。他人之賢者，丘陵也，猶可踰也；仲尼，日月也，無得而踰焉。人雖欲自絕，其何傷於日月乎？多見其不知量也。」

叔孫武叔本來想抬舉子貢壓抑孔子，後來乾脆直接批評孔子。子貢說：「不要這麼做，仲尼是沒有辦法毀謗的。別人的才德表現，像是山丘一般，還可以去超越，仲尼則像太陽與月亮，不可能去超越。一個人即使想斷絕自己與太陽、月亮的關係，對於太陽、月亮又有什麼損害呢？只是顯示了他不知自己的分量而已。」

說孔子像太陽、月亮，不能被超越，當然太誇張了，孔子也不願意接受。孔子是平凡人，和我們一樣平凡。但是他有特色，學不厭、教不倦，這就值得我們教書的學一輩子。他「十有五而志於學，三十而立，四十而不惑」，每十年就有成長，到七十歲就「從心所欲，不踰矩」。這些我們都可以去學，但是很少人做得到。問題在於，誰能像孔子一樣一直奮鬥，每十年就脫胎換骨達到更高境界？

很少。

孔子爲什麼這麼努力呢？因爲人性向善。沒有這個作爲動力，爲什麼放著安逸日子不過，到老都要努力呢？因爲人性向善，不可違背，只要是一個眞誠的人，他的「向善」就產生力量，促使他提升到更高層次，去照顧更多的人。孔子的志向是「老者安之，朋友信之，少者懷之」，與他的「人性向善論」完全配合。因爲「善」是我與別人之間適當關係的實現，別人包括天下人。孔子志向的定位，老者如何，少者如何，朋友如何，都是相互連貫的。

陳子禽謂子貢曰：「子為恭也，仲尼豈賢於子乎？」子貢曰：「君子一言以為知，一言以為不知，言不可不慎也。夫子之不可及也，猶天之不可階而升也。夫子之得邦家者，所謂立之斯立，道之斯行，綏之斯來，動之斯和。其生也榮，其死也哀，如之何其可及也？」

陳子禽問子貢，「您太謙虛了吧，仲尼的才德難道比得上您嗎？」這話說得太離譜了。這些人簡直像小麻雀一樣，沒有見過大山。

子貢說：「君子由一句話表現他的明智，由一句話表現他的不明智，所以說話不能不謹愼啊。我們沒有辦法趕上老師，就像靠樓梯沒有辦法爬上天一樣。如果老師能在諸侯之國或大夫之家負責執政，我們所說的他都會做到。他要使百姓立足於社會，百姓就會立足於社會；他要引導百姓前進，百姓就會向前；他要安頓各方百姓，百姓就會前來投靠；他要動員百姓工作，百姓就會同心協力。當他活在世間時，人們以他爲榮；當他不幸辭世時，人們爲他悲泣。這怎麼是我們趕得上的呢？」這是子貢對孔子所作的一個定論，講得很好。

卷十一

堯曰第二十：不要對人生設限

儒家提倡「守經達權」、「通權達變」。「經」代表法則，「權」代表變化。

總結的話

1. 儒家原則

・思辯與問答

【學　生】您說到孔子的原則是通權達變，因地制宜，確定理想之後，可以行則行，可以止則止。我認為說起來容易做起來難，很容易導致儒家的學說被誤解或者被利用。您在《孔子的生活智慧》這部書中也提到儒家的一個致命弱點，因為它是一種入世的學說，所以對現有的一切持肯定態度，也就容易被政治所利用。我想問，對於當今社會，應該怎麼克服儒家的這個致命弱點？

【傅佩榮】這個問題非常好。儒家並不是肯定社會上現存的所有現象。孔子所謂「畏大人」，是因為不忍心老百姓遭受大動亂，失去生活的依靠。不管喜不喜歡社會的某些狀況，都要先正面看待它。

譬如，迷信是不太好的，但是對於有某種迷信的人，如果立刻把他的迷信拿掉，他就沒有任何信仰了，也許更危險。有一種迷信，他還能活得下去，告訴他這是迷信，打破了迷信，他的生命完全空了，可能活不下去了。如果試圖破除別人的某些觀念，必須有把握為他填補正確的觀念。這是我長期和別人互動的原則。有時候破除很容易，破除之後他不一定接受新觀念，就很危險。

《聖經》中耶穌講過一個故事，一個人身上有好多魔鬼，他找耶穌驅魔。魔鬼被驅走之後到處遊蕩，找不到新的宿主，回頭發現那個人也是到處晃蕩，無事可做，就帶了更多魔鬼寄宿在他身上。

類似的故事很多。飽暖思淫欲，一個人什麼都有了，放鬆警惕的時候，問題就出來了；一個人努力做一件事的時候，怎麼會有問題呢？內心是不可以放空的。

先秦最大的危機，在於兩種虛無主義。第一種是價值觀陷入虛無主義，禮壞樂崩，善惡不分；第二種是存在上陷入虛無主義，認為活著和死了沒有什麼差別，與其活著受苦，不如死了解脫。儒家針對的是第一種，因為當時禮壞樂崩，上行下效，老百姓「無所措手足」。儒家就要設法讓人知道，要行善避惡。怎麼行善呢？真誠是由內而發，產生力量，行善使自己的快樂也由內而發。

道家不一樣，認為價值總是相對的，應該從根本的存在層面化解虛無主義，所以提出道。道是什麼？四個字「究竟真實」。其他都是相對的真實。《老子》中提到的道，是自有的，本質包含存在的。

2. 孤魂野鬼？

・思辯與問答

【學　生】有一種說法是，儒家在現代社會已經成為孤魂野鬼。您認為，儒家在中國社會的上層，比如精英階層或者政治領導層，最有可為的地方在哪裡？發展態勢怎樣？

【傅佩榮】那種說法的根據是什麼？中國兩千多年的政治，用四個字來說是「陽儒陰法」。這表明儒家依靠在法家建構的專制政體上，那麼當清朝的專制王權滅亡了，儒家就無所依靠了。注意，被法家利用的是董仲舒之後的「獨尊儒術」，是儒術而非儒家，只是一種應用技巧。他利用儒術作為教育材料，使老百姓遵從整個政治體制的要求。儒術也講修身，目的是配合官方要求、官方需要。余英時先生說，清朝末年之後，專制政權瓦解了，儒家變成遊魂了。

我所研究的儒家，是先秦孔孟的原始思想，一般歷史學者不太注意，因為孔孟思想從沒有實現過，真正實現的是董仲舒的那一套。就這個意義講，董仲舒那一套是遊魂。

方東美先生最喜歡用「原始儒家」四個字，代表孔孟思想。孔孟思想在未來社會將會怎麼樣呢？當然不會是遊魂。這是一套完整的思想系統，了解人性，建構了合理的價值觀，包括非常具體的擇善方法，每個人都可以使用，要求人們對現實社會不斷增加了解，以便更靈活地判斷。

儒家提倡「守經達權」、「通權達變」。「經」代表法則，「權」代表變化。孟子強調做人不能固執，要通權達變。譬如有關「嫂溺，則援之以手乎」（出自《孟子・離婁上》）的問題。男女授受不親是原則，救人的時候卻要通達，如果為了堅持原則而不救人，儒家是要批判的。

儒家的思想是充滿活力的，但是有個前提，要把它講成「人性向善」。如果還要堅持「人性本善」，只有四個字——寸步難行，離開書本後走不到任何地方去。以「人性向善」解釋《論語》、《孟子》、《中庸》、《大學》，每一句話都能解釋得通；以「人性本善」解釋，每一句話都不通。譬如「君子有三戒」，既然「本善」為什麼還要戒呢？按照朱熹的說法，因為人有氣質之性。如果氣質之性不是人性，那麼一個人可能沒有氣質、沒有血氣嗎？那就等於沒有身體了，還算人嗎？

這些絕不是圍繞一兩個詞語的爭論。對孔孟的全部文本加以理解，才能知道孔孟的深刻洞見。

我學習中西哲學四十多年，認為孔孟思想是最好的人性論，最好的倫理學。西方倫理學和人性論，真是說不清，最後一切只能交給信仰——基督宗教，才能安頓自己的生命。再大的哲學家像黑格爾，建構哲學系統之後，不能夠進行實踐。西方人嘲笑黑格爾，說他建造了一個堂皇大殿，自己卻住在旁邊的狗窩裡。其他西方大哲哪一個不是這樣？講到生命的安頓，一定要訴之於宗教，如果把宗教完全拿走，就純粹是物競天擇的理論。

尼采很有理想，但是他的世界是封閉的，他想要永恆，沒有別的表達方式，只能擁抱命運，熱愛命運安排的一切。這樣的哲學，啓發性有限。尼采熱情有餘，生命卻無法開展，最後發瘋而死。他的哲學為什麼是封閉的，不能接受一個超越界呢？他要與傳統的上帝宣戰。有時候上帝變成一個避風港，很多哲學家一旦問題不能解決，就把上帝從保險箱裡面拿出來解圍，解圍之後又放回保險箱——這是西方人一貫的伎倆。

孔子知天命，他不以擬人的方式講上帝如何運作，只是希望人們真誠，內在自有一種力量可以通天。《中庸》提到人可以「贊天地之化育」。學習儒家光念《論語》是不夠的，《論語》雖然好，卻是斷編殘簡，雖然一句句的材料很真實，卻不夠完整。《孟子》不一樣，論述比較完整，尤其是《告子篇》和《盡心篇》。《盡心篇》講到人生的六種境界，非常精采，從「可欲之謂善」到最後「聖而不可知之之謂神」（出自《孟子．盡心下》）。永遠不要對人生設限，每一個人內心都有力量，可以促使他走向無限完美，不可知之。如果不講「人性向善」，為什麼會一直有向上提升的可能呢？既沒有可能性，更沒有必要性。

平凡人可以修煉成最高層次的人。方東美先生上課時常講一句話，「要做一個人，就是要做成跟神一樣。」孟子說「聖而不可知之之謂神」，「神」代表人有神性，神聖性。《中庸》提到「天命之謂性」，也是類似的意思。「通天地人，曰儒」，儒家是通天地人的，要成為「大人」。以「人性向善」的說法，止於至善，達到完美，就是聖人。

傅佩榮作品集 12

論語的生命解惑〔論語的人文之美第二部〕

著者　傅佩榮
責任編輯　張晶惠
創辦人　蔡文甫
發行人　蔡澤玉
出版發行　九歌出版社有限公司
臺北市105八德路3段12巷57弄40號
電話／02-25776564・傳眞／02-25789205
郵政劃撥／0112295-1
九歌文學網　www.chiuko.com.tw
印刷　晨捷印製股份有限公司
法律顧問　龍躍天律師・蕭雄淋律師・董安丹律師
初版　2015年1月
初版3印　2023年9月
定價　300元

書號　0110812
ISBN　978-957-444-977-4
（缺頁、破損或裝訂錯誤，請寄回本公司更換）

國家圖書館出版品預行編目資料

論語的生命解惑．論語的人文之美第二部 /
傅佩榮著. ─ 初版. --
臺北市：九歌, 民104.01

面;　公分. -- (傅佩榮作品集 ; 12)

ISBN 978-957-444-977-4(平裝)

1.論語　2.注釋

121.222　　103024771